さあ大変！どうする？
身内が亡くなったあとの始末

廣末志野（行政書士）
田口乙代（特定社会保険労務士）
佐伯茂樹（税理士）

北辰堂出版

はじめに

　身近な大切な方を失ったパニックだけでも十分耐えがたいのに、立ち直る暇もないまま、降りかかってくるわずらわしい問題の数々。押しつぶされそうになるのはあたりまえです。
　それは経験してみないと、なかなか理解できません。
　そんなときに支えてくれるのは、場に応じて周りの親戚や友人が差し伸べてくれる温かい手と助言の数々、さらにプロによる親身なアドバイスです。
　多くの方が、葬儀や事後処理に関わる参考文献などもかなり取り揃えたり、頼りにされるのですが、あまりに親切にこまごまと専門的に書き込まれているものが多く、パニックの中の当事者は筋立てを十分理解できないまま、積みっぱなしにしたということも多いと聞きます。
「さあ大変どうしよう」と、慣れない役目に振り回されているなかでは、こんなにいっぺんに専門的なことを言われても、消化できない、受け止めきれない、したがって結局、参考にできなかったという羽目に陥ることも多いのではないでしょうか。
　多くの方々のそんな苦い実体験をお聞きして、この本では、できるだけ単純明快に、場面場面に応じて、「どうする？こんなとき」という疑問に応えることを主眼に編みました。
　これから起こるいろいろなご苦労の時に、この本の記述が少しでもあなたの支えになることを願っています。

　　　　　＊各ページとも飾り罫より下を余白としておきました。
　　　　　メモとして活用してください。

【目次】

はじめに

第1章　突然のお別れ　……やらなければならないこと

どうする？
1．まず訃報を知らせなければ（15）
2．どのように連絡しますか（16）
3．一人で悩むより相談相手（18）
4．死亡診断書をもらったあと（19）
5．すぐにいろいろ出費がかさむ（23）
6．葬儀社のえらび方（25）
7．愛惜をこめて衣装・写真選び（28）
8．はじめてのお寺さんとの相談（29）
9．死亡直後の手続きあれこれ（30）
10．葬儀をどう進めたらよいか（32）
11．世話役があった方がいい（34）
12．小さくとも心をこめたお別れを
　　──家族葬・直葬（34）
13．樹木葬・散骨を選んだ場合（36）
14．正しい焼香のしかた（37）
15．キリスト教式葬儀ミサ（40）
16．神道の葬儀（神葬祭）の作法（42）
17．香典返しは？（45）

18. 亡夫・亡妻の家族と付き合いたくない場合の法的手続き（47）

19. 公共料金支払い者変更など諸手続きが待っている（49）

第2章　お墓をどうする？　仏壇は？

どうする？　1.「墓地を買う」とは「永代使用権を取得する」こと（53）

2. 意外と大変 お墓の引っ越し（56）

3. 仏壇をいつ買うか？ どう置くか？（61）

第3章　死亡直後の社会保険の手続き

どうする？　1. 健康保険喪失手続き、残された家族の健康保険切り替え（65）

2. 葬祭費・埋葬料の給付申請をしよう（67）

3. 健康保険の資格喪失後に被保険者であった方が亡くなったとき（74）

4. 高額医療費の請求前に亡くなったとき（74）

5．傷病手当金等を受給している方が亡くなったとき（77）

6．雇用保険の基本手当等を受給している方が亡くなったとき（77）

7．面倒なことはプロに任せるのも一案（78）

第4章　遺族年金

どうする？　1．国民年金と厚生年金（83）

2．とっても大事な保険料納付要件（84）

3．遺族基礎年金の基礎知識（87）

4．遺族基礎年金とは（91）

5．遺族厚生年金とは（93）

6．遺族厚生年金に加算される給付（97）

7．国民年金独自の給付（99）

8．死亡届と未支給年金請求（102）

9．ひとり親になったら児童扶養手当の申請（106）

第5章　相続が「争族」にならないために

どうする？　1．相続の進め方、まず遺言があるかどうか（111）

　　　　　＜相続手続きの進め方＞（116）

　　　　　2．相続税って払うの？　申告が必要なの？（117）

　　　　　3．遺留分と遺留分減殺請求（120）
　　　　　4．故人の所得税の申告が必要な場合（123）
　　　　　5．相続手続きに必要な書類（129）
　　　　　6．「争族」にならない工夫（131）
　　　　　7．遺産相続の話し合い（132）

第6章　遺言と成年後見・任意後見

どうする？　1．相続人の中に未成年者や認知症の方がいるとき（151）

　　　　　2．成年後見制度を利用する（153）
　　　　　3．遺言について（154）
　　　　　4．任意後見（159）

第7章　できれば生前にやっておきたい 相続税対策

どうする？　1．生前贈与のいろいろ（165）

　　　　　　　2．もし納付が必要なら資金繰りの対策を（186）

　　　　　　　3．争族トラブルが発生しない対策（188）

第8章　思い出を大切に整理しよう

どうする？　1．思い出の品々の整理は、故人の気持ちを大切にしながら（193）

　　　　　　　2．残された品々を書き出してみる（193）

　　　　　　　3．故人の気持ちに沿って形見分け（195）

　　　　　　　4．写真やアルバムの整理（195）

　　　　　　　5．「本」という形にするのも一案（197）

　　　　　　　6．仏壇や位牌の処分のしかた（198）

第9章　遺品整理の知恵

どうする？　1．どこから手をつければいいか、まず計画づくり（201）

　　　　　　　2．ざっと仕分けて作業開始（202）

3．作業日はゴミ収集日に合わせる（203）

4．ゴミ処分は業者に頼めばラクだが（204）

5．リサイクルショップは思い通りには買ってくれない（205）

6．ピアノ、本、CD、DVD、ゲームなど（205）

7．意外と高値で売れるもの、売れないもの（206）

8．福祉施設への寄付も、ふだんの人間関係があってこそ（209）

イラスト・あずまかおる
装丁・新田 純

第1章
突然のお別れ
……やらなければならないこと

連絡漏れがないか、よく確認して

どうする？ 1．まず訃報を知らせなければ

　大切な身内の方の臨終という事態に接したら、とても悲しくつらいものですが、心をしっかり冷静に保ち、やるべきことを果たさなければなりません。それが、残された者の義務でもあります。

1．すぐ知らせるべき相手がわかりますか

　医師から臨終と告げられたら、至急親族や親しい友人の方々へ連絡します。
　そのお知らせは、あまり遅くならないようにしなければなりません。親族であれば、遠方で相手が来られそうでなくても、知らせは入れるほうがよいと思います。ただし相手が病気の場合には、連絡するかしないかについて慎重に判断する必要があるでしょう。

2．連絡先のリストは、できれば生前に準備したい

　臨終が迫ってきたら、本人の三親等内の親族などを目安に、また特に親しい友人などを中心に、連絡先のリストを作っておくとよいでしょう。

できれば生前に、万一に備えて、故人みずからお知らせすべき連絡先のリスト等を用意してあれば、それがベストです。
　それが望めない場合は、故人あてに届いている年賀状や住所録などを手がかりに連絡先を探すことになります。
　死亡直後に、電話で連絡すべき相手はだれでしょうか。
　通夜・葬儀の前に、電話やＦＡＸ、電報、メール、ＳＮＳ等で連絡すべき方々はどなたでしょうか。
　そして葬儀後に連絡すべき相手は誰か、などに分けてリストをつくり、お知らせしましょう。

３．三等親とは

　一親等　父母　子供
　二親等　祖父母　孫　兄弟姉妹
　三親等　曾祖父母　伯父（叔父）伯母（叔母）　甥　姪

どうする？　２．どのように連絡しますか

１．亡くなった直後に連絡する相手には

　臨終に間に合わなかった親族、故人が会いたがっていた

友人等へ、死亡の第一報を知らせます。訃報の連絡をするときは、メモを手元に置いて、基本的に次の5点を伝えましょう。

　○亡くなった人の名前
　○亡くなった日時
　○死因（簡単に）
　○お葬式の日時・場所
　　決まっていない場合は、改めて連絡する旨
　○自分（もしくは他の責任者）の連絡先

死亡のお知らせは、ポイントを押さえて伝える

大切な方が亡くなった事実に直面し、自分が想像以上に動揺している場合もあるものです。むやみに急ぐ必要はありません。あわただしく早口になってはいけません。気を落ち着けてしっかり連絡するようにしましょう。

2．葬儀後に知らせる挨拶のしかた

訃報を知らせる範囲は「誰に」「どこまで」という正解がありません。

故人の希望が残されていれば、それに従うことが優先となりますが、遺族の判断で連絡範囲を決定したとしても、間違いではありません。

その反面、訃報には「社会的に死亡を知らせる」という目的もあります。特に仕事関係で交際範囲が広い場合は、

できるだけ漏れがないように心がけることが肝要です。

事後報告というのも選択肢のひとつだと思いますが、お互いに連絡先を知っている場合は、できるだけ連絡を差し上げてはいかがでしょうか。

本人の希望があったり、いろいろな事情から、葬儀を小規模に「家族葬」で行いたい場合もあるかもしれません。

そのような場合は、「葬儀は故人の遺志により、家族だけで執り行いました」という言葉を添えてお知らせするようにしましょう。

どうする？ 3．一人で悩むより相談相手

1．友人や親戚に経験豊かな人はいないか

喪主は通常、故人の配偶者またはその子供（主に長男）が務めますが、配偶者や子供がいない場合は、親が務めます。

喪主は、遺族の代表者として弔問客への応対に当たることが多く、こまごまと動くことができないので、実際の進め方の相談に乗ってくれたり、担当してくれる世話役を、友人・親戚から選んでおけるといいですね。

2．プロに相談することも考える

葬儀のプロといえば、「葬祭ディレクター」と呼ばれている方々です。葬儀社に所属していて、通夜・葬儀についての必要な知識と技能を持っています。

一般の人は、葬儀について不慣れなことも多く、誰に相談すればいいのか分からない場合も少なくありません。そんなとき不安なことは、葬祭ディレクターに相談するのがおすすめです。

どうする？ 4．死亡診断書をもらったあと

1．病院から死亡診断書を受け取る

故人が病院で亡くなった際には、病院を出る前に、死亡診断書を交付してもらいます。死亡診断書は、遺体と必ずいっしょに渡されますので、遺体とともに霊柩車に乗車される方へ、手渡されます。

死亡診断書と死亡届とは同じ用紙の左右になっていますので、無くさないように大切に取扱いましょう。いろいろ必要な場合が起きるかもしれないので、コピーを数枚とっておくと便利です。

死亡届

平成 21 年 1 月 9 日届出

東京都千代田区 長 殿

	受理 平成 年 月 日 第　　　号	発送 平成 年 月 日
	送付 平成 年 月 日 第　　　号	長印
書類調査	戸籍記載	記載調査	調査票	附票	住民票	通知

(1) (よみかた) みんじ いちろう

(2) 氏名　民事 一郎　☑男 □女

(3) 生年月日　昭和 23 年 12 月 14 日　□午前 □午後　時　分

(4) 死亡したとき　平成 21 年 1 月 9 日　☑午前 □午後　4 時 10 分

(5) 死亡したところ　東京都港区虎ノ門 1丁目 1 番地 1 号

(6) 住所（住民登録をしているところ）　東京都千代田区霞が関 1丁目 1 番地 1 号
　　世帯主の氏名　民事 一郎

(7) 本籍（外国人のときは国籍だけを書いてください）　東京都千代田区丸の内 1丁目 1 番地
　　筆頭者の氏名　民事 一郎

(8)(9) 死亡した人の夫または妻　☑いる（満 60 歳）　いない（□未婚 □死別 □離別）

(10) 死亡したときの世帯のおもな仕事と
- □ 1.農業だけまたは農業とその他の仕事を持っている世帯
- □ 2.自由業・商工業・サービス業等を個人で経営している世帯
- ☑ 3.企業・個人商店等（官公庁は除く）の常用勤労者世帯で勤め先の従業者数が1人から99人までの世帯（日々または1年未満の契約の雇用者は5）
- □ 4.3にあてはまらない常用勤労者世帯及び会社団体の役員の世帯（日々または1年未満の契約の雇用者は5）
- □ 5.1から4にあてはまらないその他の仕事をしている者のいる世帯
- □ 6.仕事をしている者のいない世帯

(11) 死亡した人の職業・産業　職業　　　産業

その他

届出人
- ☑ 1.同居の親族 □ 2.同居していない親族 □ 3.同居者 □ 4.家主 □ 5.地主
- □ 6.家屋管理人 □ 7.土地管理人 □ 8.公設所の長 □ 9.後見人
- □ 10.保佐人 □ 11.補助人 □ 12.任意後見人

住所　東京都千代田区霞が関 1丁目 1 番地 1 号
本籍　東京都千代田区丸の内 1丁目 1 番地　筆頭者の氏名 民事太郎
署名　民事 太郎　印　昭和 51 年 12 月 28 日生

事件簿番号

記入の注意

鉛筆や消えやすいインキで書かないでください。

死亡したことを知った日からかぞえて7日以内に出してください。

届書は、1通でさしつかえありません。

「筆頭者の氏名」には、戸籍のはじめに記載されている人の氏名を書いてください。

内縁のものはふくまれません。

□には、あてはまるものに☑のようにしるしをつけてください。

死亡者について書いてください。

届け出られた事項は、人口動態調査（統計法に基づく指定統計第5号、厚生労働省所管）にも用いられます。

死亡診断書（死体検案書）

この死亡診断書（死体検案書）は、我が国の死因統計作成の資料としても用いられます。かい書で、できるだけ詳しく書いてください。

記入の注意

氏名	民事一郎	①男 2女	生年月日	明治 大正 ㊐平成 23年12月14日 （生まれてから30日以内に死亡したとき は生まれた時刻も書いてください） 午前・午後 時 分

死亡したとき	平成 21年 1月 9日 午前・㊌ 4時 10分

(12)(13) 死亡したところ及びその種別

死亡したところの種別	①病院 2診療所 3介護老人保健施設 4助産所 5老人ホーム 6自宅 7その他
死亡したところ	東京都港区虎ノ門1丁目1 番 1号
（死亡したところの種別1-5）施設の名称	○○○○病院

(14) 死亡の原因

I	(ア) 直接死因	脳出血	発病（発症）又は受傷から死亡までの期間	10時間
	(イ) (ア)の原因	動脈硬化症		4ヶ月
	(ウ) (イ)の原因			
	(エ) (ウ)の原因			
II	直接には死因に関係しないがI欄の傷病経過に影響を及ぼしたる傷病名等			

手術	1無 2有	部位及び主要所見		手術年月日	平成 昭和 年月日
解剖	1無 2有	主要所見			

(15) 死因の種類

1病死及び自然死
外因死 {2交通事故 3転倒・転落 4溺水 5煙、火災及び火焔による傷害 6窒息 7中毒 8その他}
その他及び不詳の外因死 {9自殺 10他殺 11その他及び不詳の外因}
12不詳の死

(16) 外因死の追加事項

傷害が発生したとき	平成・昭和 年 月 日 午前・午後 時 分	傷害が発生したところ	都道府県 市区郡 町村
傷害が発生したところの種別	1住居 2工場及び建築現場 3道路 4その他（ ）		
手段及び状況			

(17) 生後1年未満で病死した場合の追加事項

出生時体重 グラム	単胎・多胎の別 1単胎 2多胎（ 子中第 子）	妊娠週数 満 週
妊娠・分娩時における母体の病態又は異状 1無 2有 3不詳	母の生年月日 昭和 平成 年 月 日	前回までの妊娠の結果 出生児 人 死産児 胎（妊娠22週以後に限る）

(18) その他特に付言すべきことがら

(19)

上記のとおり診断（検案）する

診断（検案）年月日 平成 年 月 日
本診断書（検案書）発行年月日 平成 年 月 日

病院、診療所若しくは介護老人保健施設等の名称及び所在地又は医師の住所
東京都港区白金台1丁目3 番 6号
（氏名）医師 法務康 印

2．待ったなしに遺体搬送を求められるが

　病院で亡くなった場合、すみやかに遺体を搬送するように求められます。事前に葬儀社を決めて相談してあればその葬儀社が対応してくれますが。病院が葬儀社を紹介してくれる場合もあります。

　その後の通夜・葬儀を、遺体の搬送をした葬儀社へそのまま依頼するのか、その場で決められない場合は、搬送のみ依頼することもできます。また、火葬までの遺体の安置場所をどうするかなども、葬儀社と相談するなりして、決めなければなりません。

　また、**故人が献体を希望していた場合は、葬儀社への連絡は不要です。**

　病院での親族とのお別れが終わったら、献体先の大学病院へ電話を入れます。遺体の搬送は、大学が引き受けます。その場合は、遺体の引き渡し場所が故人との最後のお別れの場所となります。

3．死亡診断書と死亡検案書

　死亡診断書は、診療継続中の疾病で亡くなった場合に交付されます。

　死体検案書は、診療継続中の患者以外の者が死亡した場合や、診療継続中の患者であっても、診療に係る傷病と関連しない原因により死亡した場合に交付されます。

高齢の方の場合、朝起きたら、自宅で亡くなっていたということがあるかもしれません。その場合は、まずは主治医に連絡を入れましょう。診療継続中の疾病で死亡した場合は、死亡診断書を交付してもらえます。

　死亡を確認した医師は、診療継続中の疾病と関連しない疾病や事故等で亡くなっていた場合は、死体検案書を交付します。しかし、死体を検案して異常があれば、24時間以内に警察署に届けます。その後、警察の監察医が死体検案書を発行します。そうなりますと、家族は、警察に事情聴取をされる場合もあります。

　特に主治医がいなくて亡くなった場合も、警察へ連絡することが必要です。亡くなった方にはかわいそうですが現場をそのままにして、警察の調査が終わるまでは勝手に布団に寝かせたりしてはなりません。

どうする？　5．すぐにいろいろ出費がかさむ

1．病院への支払い等をすませる準備はできているか

　治療費、差額ベッド代、病衣レンタル代等、入院費用は思いのほか高額になる場合もあります。あらかじめ、緊急の場合に備えて、現金を用意するなど準備しておきたいも

のです。最近では、カード支払いの可能な病院もありますので、入院時に確認しておきましょう。

　故人に「万一に備えて準備しておきたい」という気持ちがあって、当座の支払いにあてる預金口座のカード、暗証番号、印鑑などを、信頼する家族に託しておくことが一番ですが、本人はそんな準備に思い及ばないまま亡くなることも多いでしょう。やはり家族の間で心づもりをしておく必要があります。

　また、遺体搬送にかかる費用その他、手伝ってくださる方への車代など、こまごました出費も必要になります。心づけの類も、それを入れる小封筒を含めて準備しておかれるとよいと思います。

2．葬儀その他の費用の準備も

　日本消費者協会の葬儀についてのアンケート調査結果によると、全国の葬儀費用の平均額は、200万円に近い金額です。

　一口に葬儀といっても、式の費用は葬儀の形式、規模、地方の習慣などにより大きく差が出ます。また飲食代などについても、葬儀に出席する人の数により金額も大きく変わってきます。

　最近では、身内のみの少人数で葬儀を済ませてしまう「家族葬」にすることもあるため、必ずこの平均額がかかるというわけではありませんが、一応の目安にはなります。

葬儀を執り行った寺院などへのお礼は、規定を設けているところもありますので、事前にいろいろ確認しておかれるとよいでしょう。戒名（法名）料金も含めて、葬儀の翌日か初七日までにお礼を持参しなければなりません。

次々と、思いもかけない出費が…

どうする？　6．葬儀社のえらび方

1．葬儀社の言いなりに陥る危険

　葬儀社との相談は、通常は喪主とその家族が行うことになります。

　葬儀形式、日程、葬儀会場、宗教者の手配、祭壇、装具品、料理、返礼品の選定等、日常の生活とは縁のないことを決めなければなりません。

　不慣れなことばかりですから、どうしても葬儀社の指図を頼りにするようになりがちです。言われるままに「はい、はい」とやっているうちに、思いがけず高額な費用がかかる羽目に陥る危険もあります。

　あらかじめ、故人が葬儀に関する希望を、家族あるいは

葬儀社に伝えておくことができれば、遺族は非常に助かります。

　病気が重くなって死期が近いかもしれないと思われたら、遺体の搬送などをすぐ連絡できるように、葬儀社と下相談をしておいたり、事前に親族や友人に話す機会があれば、スムースに事を進めることができるはずです。

２．よい葬儀社・悪い葬儀社を見分けるポイント

　葬儀社を選ぶ場合、以下のような点に気をつけて選ぶのがよいと思います。

- どのような葬儀をしたいのか、きちんと話を聴いてくれるか。
- 最初から一方的に提案をせずに、選択肢を示してくれるか。
- 事前に明細のはっきりした見積書を出し、詳しく説明してくれるか。
- セット料金に関しても、その明細（個々の単価）を明示してくれるか。
- 質問にていねいに答えてくれるか。
- 小さな葬儀を希望しても、ていねいに対応してくれるか。

葬儀の形にもいろいろあります

- 契約を急かしたり、強引な勧誘はないか。
- 地元での評判はどうか。
- 支払い期日に余裕があるか。

3．生協等でも葬祭事業を展開

　近頃では、生協（生活協同組合）が全国的に葬祭事業を展開しています。「コープ・生協の安心お葬式」というテーマで、全国生協葬祭事業推進協議会が統括し、費用その他、消費者の目線を大切にした運営をめざしているそうです。

　首都圏では「コプセ葬」、神奈川県では「ゆきげ」などと、それぞれの地域でネーミングを考え、ホームページに費用を詳細に紹介するなど、消費者の立場から見て利用しやすい仕組みを工夫しているようです。

　その事業展開は全国的に広がっていますので、ネット等でお調べになってみてはいかがでしょう。

　また最近では、大手スーパーなどの企業体がリーズナブルな葬儀のあり方を提供しようと葬祭事業に進出したりしています。

　それで従来からの葬儀社も、これに対抗してさまざまな工夫をこらしたプランなどを提供するようになってきたといわれています。

どうする？ 7．愛惜をこめて衣装・写真選び

　葬儀をどのように行ってほしいか。
「簡素にして、好きだった音楽を流してほしいな」などと、ふだんの雑談のなかででも、故人の希望を伝えておいてもらうと、残された方々は非常に進めやすいものです。
　エンディングノートなどに書き残してあるのもいいですね。

1．故人への愛惜をこめて衣装選び

　病床では、おそらく寝巻のたぐいを羽織っていらっしゃると思います。でも、残された方々とのお別れに際しては、本人にふさわしい衣装をまとわせてあげたいものです。
　納棺の際には、メガネや杖、五穀、お金等、また地方の風習にならった副葬品を準備するところも多いようです。
　しかし最近では、ダイオキシンの発生や火葬時の障害を

こんな葬儀を行ってほしいと伝えておく…

防ぐため、副葬品を納棺できない火葬場も増えていますから、副葬品については、あまり欲ばらないほうがよいかもしれません。

2．故人をしのんで遺影写真を選ぶ

最後のお別れにみなさんに接していただく写真ですから、懐かしく偲んでいただけるような、いかにもその方らしい写真を選んであげたいものです。

生前に自ら「この写真を」と言い残す場合も最近は多いようです。

故人の思い出が浮かぶような
写真を選ぶ

どうする？ 8．はじめてのお寺さんとの相談

菩提寺がある場合は、喪主は菩提寺に最初の相談をすることになります。

もちろんせっぱつまる前に、ふだんから事前相談をして

おくこともできます。

また、ふだんはあまりお寺と関係がない方も多いことでしょう。そんな時は、葬儀社に頼んでお寺を紹介してもらうことも可能です。

先祖代々の菩提寺が田舎にあるが、学校を出てからずっと都会暮らしで、都会で亡くなるというケースも最近ではよくあります。

寺院墓地は、同じ宗派以外の人の納骨ができない規則になっているのがほとんどですので、菩提寺があり、そこへ納骨する予定の場合には、必ず菩提寺に連絡を取って、菩提寺の確認のもとに、葬儀や戒名をお願いして差し支えない同宗の僧侶や、寺院の紹介を受ける必要があります。

また「葬儀の際には俗名でお願いしても、後日菩提寺に戒名をお願いする」という方法もあります。

どうする？ 9．死亡直後の手続きあれこれ

1．死亡届の提出のしかた

死亡届（P20）は、死亡診断書の左半分に、用紙がついています。この死亡届へ必要事項を記載し、死亡届を提出しましょう。

提出時期	死亡を知った日（その日を含む）から7日以内（国外で死亡したときは、その事実を知った日から3か月以内） ※7日目が役所の閉庁日に当たるときは、翌開庁日が提出期限です。休日に窓口対応できる役所もあります。
提出先	亡くなった方の死亡地、本籍地または届出人の所在地（住所地）の市役所、区役所または町村役場。
届出できる人	親族、同居者、家主、地主、家屋管理人、土地管理人等、後見人、保佐人、補助人、任意後見人。
必要なもの	死亡診断書（死体検案書）、死亡届、印鑑。
手数料	手数料はかかりません。
その他	火埋葬許可証を同時に申請します。

2．火埋葬許可申請書の提出

　死亡届と同時に火埋葬許可申請書を提出しますと、市区町村窓口で、火埋葬許可証が交付されます。

　火埋葬許可申請書には、火葬場所と火葬実施日時を記載する必要がありますので、火葬場所の予約を入れることが必要です。葬儀社の方とあらかじめ打ち合わせをしておきましょう。

　いまはほとんど、死亡届と火葬埋葬許可申請書の提出を葬儀社が代行してくれます。

提出時期	死亡届と同時。
提出先	亡くなった方の死亡地・本籍地または届出人の所在地（住所地）の市役所、区役所または町村役場。
届出できる人	親族、同居者、家主、地主、家屋管理人、土地管理人等、後見人、保佐人、補助人、任意後見人。
必要なもの	死亡届、印鑑。
手数料	火葬料金を支払う場合もあります。

10. 葬儀をどう進めたらよいか

1．一般的な葬儀の流れ

　ここではまず、一般的な仏式の葬儀の流れを紹介しておきます。この流れをよく理解したうえで、家族ともよく相談をして進めるとよいと思います。

（1）通夜

「本通夜」は、一般的には亡くなった翌晩に行われますが、亡くなったその日に親族が故人と過ごすことができる最後の夜を「仮通夜」として行い、この日は故人と一夜を過ごす形もあります。

（2）葬儀　告別式

「葬儀（式）」とは本来は故人を送るための儀式で、宗教儀礼によって執り行われます。

これに対し「告別式」とは参列あるいは会葬した人たちが、焼香や献花をもって死者に対してお別れをする儀式のことです。宗旨宗派により葬儀告別式の方法も異なります。

火葬は、宗旨宗派や地方の慣習により、葬儀告別式の前に火葬する場合と、葬儀告別式の後に火葬する場合があります。火葬する場合は、火埋葬許可証が必要です。

2．納骨

納骨を行う日取りは、一般的に、お墓をすでにお持ちの場合は、初七日や四十九日の法要にあわせて、納骨を行います。

地域によっては、亡くなってから、3か月をまたぐのを嫌い、四十九日より前に納骨する地域もあります。

また、お墓を新しく準備される場合などは、その日にこだわらず、お彼岸や初盆、一周忌などに合わせて納骨されることが多いようです。

お墓を管理する人がいない場合は、永代供養をすることもあります。

どうする？ 11. 世話役があった方がいい

　世話役は、喪主とともに、葬儀社と葬儀全般について打ち合わせを行い、葬儀を統括します。また通夜・葬儀告別式では、世話役の指示のもと受付係、会計係、進行係、接待係、案内係等が必要ですので、喪主の友人や親族の中から、あらかじめお願いしておきましょう。

受付係	通夜・告別式での受付対応　香典を預かり、弔問客に記帳していただき、会葬礼状と香典返しをお渡しします。
会計係	遺族代表から預かった現金及び頂いたお香典の出納管理、会計の記帳を行います。
進行係	通夜・葬儀の司会進行、弔電の整理などに当たります。
接待係	接待用のお茶や菓子の振る舞い準備、僧侶の接待、通夜振舞いの準備などを担当します。

どうする？ 12. 小さくとも心をこめたお別れを ——家族葬・直葬

1.「家族葬」でいう家族の範囲

　最近では、一般的な通夜・葬儀・告別式ではなく、「故人の遺志により家族葬、密葬、直葬（通夜・葬儀・告別式を行わず、火葬のみ行う）」という方法を選ぶ方も増えています。

　家族葬について、一般の方に話を聞くと、ふつう「家族だけによる葬儀」という答えが返ってきます。では、「家族」の範囲は、どこまででしょうか。故人の兄弟姉妹、甥姪、従姉妹は家族でしょうか。人により考え方が異なります。参列者10人くらいなどと人数で決めて、親しい友人なども含めるという考え方がいいかもしれません。

　このように「家族の範囲」についての価値観は異なりますので、家族葬を行う場合は、家族葬を行うことを近隣、親族、関係者へあらかじめ伝え、ご理解をいただくことが肝心です。

2.「家族葬・直葬」を選んだ場合の留意点

　また、「家族葬で行いますので」と、参列をお断りする場合は、その旨の文章を用意しておきましょう。香典や供花・弔電を辞退する場合は、その旨も記載しておきます。

　家族葬・直葬を選んだ場合は、参列者以外の方々へのお知らせ方法が非礼にならないように、特に配慮する必要があります。

どうする？ 13. 樹木葬・散骨を選んだ場合

1. 樹木葬

　樹木葬は、墓地として許可を得た場所（霊園）にて、遺骨の周辺にある樹木を墓標として故人を弔う方法です。

　霊園により、遺骨を埋葬するたびに新しい苗木を1本植えるケースや、墓地の中央にシンボルツリーとなる樹木を植え、その周辺の区画に遺骨を埋葬するケースなど、さまざまな方法があります。

　基本的な樹木葬の形式では、「シンボルツリー」と言われる木の周りに、遺骨を埋葬します。お名前を刻んだプレートや石碑などをシンボルの近くに添えるなどして弔われるケースもあります。

　樹木葬は、これまでのお墓ではできなかった「自然へ還る」ことを体現できるのが大きな特徴といわれています。ただ問題点は、残されたご家族が、あまり「自分の家のお墓参り」といった感覚を持てなくなってしまうことです。

樹木葬：墓苑の中央にシンボルツリーが

2．散骨

　また、遺骨を細かく砕いて、海に散骨する「海洋散骨」という選択肢も、「自然へ還る」ことを体現できますので、近年注目を集めています。

　散骨に対応してくれる葬祭業者を探して依頼することになりますが、船でかなり外洋に出て散骨するのが通常ですので、乗船時間は例えば東京湾の場合、最低でも２時間程度かかります。外洋まで出るので、波も荒く、問題点としては、乗り物酔いしやすい遺族は、船酔いに注意が必要です。

　こちらも樹木葬以上に、残された家族は、お墓参りの感覚を持てなくなってしまいます。

どうする？ 14. 正しい焼香のしかた

1．焼香とは

　焼香とは、仏さま（亡くなられた方）に向けて、お香を焚いて拝むことを言います。

　お葬式のとき、細かく粉にしたお香を指でつまんで香炉に落として焚いて、仏さまを拝みますね。これが焼香です。

焼香の順番は、喪主、遺族、会葬者となります。あとの方は、前に焼香された方にならって同じように振る舞うのです。焼香の手順もしっかり理解しておきましょう。

　数珠を持っている場合は数珠を左手にかけ、右手の親指・人差し指・中指の三本でお香をつまみ、押し頂くように額の高さまでかかげて、指をこするようにして香炉の火の上に落とします。これを1回あるいは3回くりかえします。

　終わったら合掌して、遺影を拝礼します。

2．焼香は1回か、3回か

　焼香の回数は、宗派によって異なりますが、基本的にはそれほどこだわるものではありません。現に、会葬者が多い場合など、「ご焼香は1回でお願いします」などと制限される場合もあります。

　参考までに、各宗派の通例をあげておきます。でも、きびしい定めではありません。

- ・浄土宗　回数の定めは特にありません
- ・浄土真宗　1回行う
- ・臨済宗　1回行う
- ・天台宗　回数の定めは特にありません
- ・曹洞宗　2回行う
- ・日蓮宗　1回または3回行う
- ・日蓮正宗　3回または1回行う
- ・真言宗　3回行う

〈焼香の順序〉

3．立礼焼香と座礼焼香

　椅子席の式場で利用される形が、「立礼焼香」です。
　自分の番が来たら、立ち上がって焼香台の手前に進み、遺族に一礼してのち、遺影に向けて拝礼し、焼香台に焼香します。終わったらもう一度遺影に向けて合掌し、退く前にもう一度遺族に一礼して席へ戻ります。
　畳敷きの式場で、正座して焼香するのが「座礼焼香」で

す。焼香台も座卓になっています。拝礼と遺族への一礼は「立礼」と同じですが、立ち上がって焼香台に向かう折には、やや腰をかがめて移動します。

4．回し焼香

　式場がせまいときによく利用される焼香の方法です。会葬者は自分から焼香台へ行くのではなく、焼香炉が順番に回ってきます。

　座礼の場合は、回ってきた焼香炉を自分の前に置き、お焼香をすませたら、隣の方へ回します。椅子席の場合は、焼香炉を膝の上に置いて焼香して、次へ回します。

どうする？ 15. キリスト教式葬儀ミサ

　キリスト教式の葬儀は教会で行われることが多いようですが、自宅や斎場を利用する場合もあります。

　聖書朗読や、カトリックでは神父の説教、プロテスタントでは牧師の説教、聖歌（カトリック）、讃美歌（プロテスタント）斉唱。そして仏式の場合の焼香に当たる「献花」が行われます。

1. 献花の作法

　葬儀では、祭壇に花をささげる「献花」が行われます。献花は、まず喪主、つぎに遺族、親族、次いで参列者の順にささげます。
① 自分の番になったら、祭壇の前に進み、花が右手側に来るように両手で受け取ります。
② 遺影に向かって一礼し、花が手前に来るように右回りに90度回して献花台に置きます。
③ 献花が終わったら、遺族や神父（牧師）に一礼して、席に戻ります。

〈献花のささげ方〉

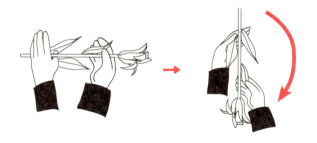

2. キリスト教式での香典の表書き

　キリスト教式の葬儀においては、香典の表書きは「御花料」が一般的です。

3．キリスト教式では「お悔やみ」を言わない

　キリスト教では、死は「永遠の命」の始まりと考えて、お悔やみは言わないことになっています。
「安らかな眠りをお祈りしています」などとご挨拶するのがよいでしょう。

どうする？ 16．神道の葬儀（神葬祭）の作法

　日本には、古来「神道」という宗教が尊崇をあつめて続いてきました。地方では、神社がない集落などちょっと考えられませんね。
　しかし、葬祭については、仏式で行われることが多いため、神道による葬儀の形については、ご存じの方は少ないのではないでしょうか。
　仏教では、葬式は「故人を極楽浄土へ送る儀式」として行われます。神道では、「故人に家に留まっていただき守護神となっていただく儀式」となります。
　したがって、神葬祭が神社で行われることはあまりありません。自宅もしくは斎場で行われるのが通例です。

1．神葬祭の流れ

　神葬祭では、臨終から納棺にあたって、「帰幽奉告」、「枕直しの儀」、「納棺の儀」に次いで、「通夜祭」が行われ、葬儀当日の「葬場祭」という儀式に移ります。

2．玉串奉奠（たまぐしほうてん）

① 神職に一礼し、玉串（榊の枝に紙垂という紙飾りや木綿という糸飾りが付く）を受け取ります。
② 玉串は、右手で枝の根元を上からつまみ、左手は下から葉を支えます。
③ 玉串を奉奠する（ささげる）。祭壇の机の前まで進み、一礼。
④ 右手と左手を持ち替え、根元が祭壇へ向くように、玉串を右回りに回します。
⑤ その方向のまま、玉串を両手で机の上に置きます。
⑥ 神社におまいりするときのように、「二礼、二拍手、一拝」の儀礼を行いますが、忘れてはならないのは、拍手で音をたてないことです。これを「しのぶで」と言います。
⑦ 終わったら、かるく一礼して席に戻ります。

〈玉串のささげ方〉

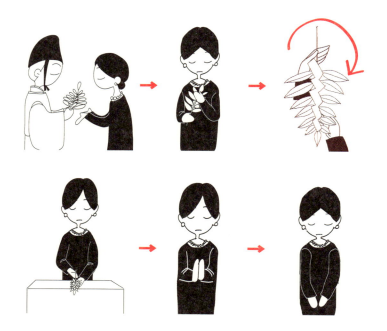

3. 神葬祭で気をつけたいこと

　神葬祭では、マナーも仏式とは異なります。
　まず、数珠は使いません。服装は一般的な黒い喪服で結構ですが、靴やバッグ、靴下なども黒で合わせたいものです。
　不祝儀袋は、神葬祭ですから、仏式でよく使う蓮の花の模様入りなどは禁物です。水引は黒と白の結び切り、表書

きは「ご霊前」「御玉串料」「御神前」などと記します。

　ぜったい忘れていただきたくないのは、ご挨拶の言葉です。

「ご冥福」「お成仏」「ご供養」などは仏教用語ですので、使ってはいけません。「おみたまのご平安をお祈りいたします」などの言葉をおかけになればいいと思います。

どうする？ 17. 香典返しは？

1．香典返しはいつ行ったらよいか

　香典返しは四十九日（七七日）の忌明け後に行うのが一般的です。忌明けの法要を行うまでは、喪中だからです。

　キリスト教では本来香典返しの習慣がないのですが、三十日祭の召天記念日後ということで、お贈りすることが多いようです。

　神道では、忌明けにあたるのが五十日祭です。

2．香典返しの金額の目安

　一般的には「半返し」といって、いただいた額の半分くらいを目安にする方が一般的です。お茶や海苔などを選ば

れることが多いようですが、タオル、シーツ、毛布や器類もよく利用されるようです。贈られた人が好きな品物を選べるギフトカタログも人気があるといわれています。

3．挨拶状と表書き

　会葬に対する御礼、忌が明けたことなどを薄墨の挨拶状にしたため、一重の封筒に入れて、香典返しの品に添えます。

　封筒の表書きは、「志」が一般的でこれなら、神道でもキリスト教でも使えます。仏式では「忌明志」「粗供養」など、あるいは「満中陰志」などの言葉も使われます。

　神式では「偲草」、カトリックでは「昇天記念」、プロテスタントでは「召天記念」などの言葉も用いられます。

4．香典返しには返事をしないのが一般

　香典返しをもらった場合、返事を出さないものとされています。「不祝儀がくりかえされることを避ける」という意味からといわれています。

　しかし、遺族をなぐさめるという意味では、お礼状でなく、お見舞いを申し上げるというかたちで出されるのはいいと思います。

どうする？ 18. 亡夫・亡妻の家族と付き合いたくない場合の法的手続き

1.「姻族関係終了届」提出で一件落着

　配偶者が亡くなると、婚姻解消の状態となりますが、亡くなった配偶者の血族との親族関係は、継続していることになります。

　この姻族関係を終わらせたい場合は、「姻族関係終了届」を提出します。提出後は、配偶者の血族との親戚関係が終了するので、配偶者の父母や兄弟姉妹などへの扶養義務もなくなります。

　なお、配偶者の遺産を相続した場合でも、返却する必要はなく、遺産を受け取ることができます。

提出時期	配偶者の死亡届が受理された後。
提出先	住所地の市役所、区役所または町村役場、または本籍地。
届出できる人	生存配偶者のみ。
必要なもの	印鑑、亡くなった配偶者の死亡事項が記載されている戸籍（除籍）謄本1通、届出人の現在の戸籍謄本1通（提出する役場が本籍地の場合は不要）。

手数料	かかりません。

※「姻族関係終了届」を提出しただけでは、氏や戸籍の変動はありません。もし婚姻前の氏にもどしたい場合は、次項の「復氏届」が必要になります。

２．復氏届（婚姻前の氏に戻したいとき）

　婚姻の際、氏を改めた方が、配偶者が亡くなり、別の方と婚姻することで更に氏を改めている場合は、最初の婚姻のときの氏にもどるか、更に最初の婚姻を行う前の氏にもどるかを選択することができます。

（例）・東京太郎さんと神奈川花子さんが夫の氏で婚姻し、花子さんは「東京」という氏に変更しました。

　　　・その後、太郎さんが亡くなり、千葉次郎さんと夫の氏で婚姻することで、花子さんは「東京」から「千葉」という氏に変更。

　　　・更に次郎さんが亡くなった場合、花子さんは現在の「千葉」という氏から「東京」にも「神奈川」にも復氏することができます。

　このときいずれの氏に復する場合でも、届書中の「死亡した配偶者」欄に記載するのは、最後の配偶者である「千葉次郎」さんです。

「千葉」氏のまま過ごしたい場合は、この手続きは不要です。

届出できる人	生存配偶者のみ。
必要なもの	印鑑、戸籍謄本1通。(提出する役場が本籍地の場合は、不要)

どうする？ 19. 公共料金支払い者変更など諸手続きが待っている

1．公共料金の支払い者の変更や解約

（1）公共料金（電気・ガス・水道・インターネット）の契約者変更や解約

　電話やインターネットで行うことができます。故人の口座が凍結された場合は、口座引き落としができませんので、支払方法の変更も必要になります。

（2）携帯電話

　故人の死亡の事実がわかる除籍謄本等を窓口に持参し、解約手続きを行います。原則として、解約日までの料金が発生します。携帯電話の契約をそのまま引き継ぐことも可能です。

（3）ＮＴＴの固定電話

　電話加入権は、届け出たうえで、相続人へ承継することもできます。

2．運転免許証・パスポート・クレジットカードの返却、破棄

　運転免許証、パスポート、クレジットカードは、第三者に悪用されないように、返却しましょう。

（1）運転免許証

　最寄りの警察署へ以下を持参し手続きします。

・届出人の身分証明書（個人番号＜マイナンバー＞カード、運転免許証等）
・届出人と死亡者の関係を証明する書面及び死亡を証明する戸籍謄本等
・死亡した人の運転免許証

　※手数料はかかりません。

（2）パスポート

　名義人が死亡した場合は、国内では最寄りの都道府県パスポートセンター、国外では最寄りの日本大使館または総領事館に届け出ます。

　故人のパスポートと戸籍謄本等（死亡した事実がわかる書類）が必要になります。

（3）クレジットカード

　クレジットカード会社により手続きは異なります。あらかじめ電話やインターネットで問い合わせて、必要書類を整えましょう。

　カード解約後、故人が利用した支払いが生じることがあります。その場合は原則として、相続人が支払うことになります。

第2章

お墓をどうする？　仏壇は？

お墓の引っ越しは大変だあ──

どうする？ 1.「墓地を買う」とは「永代使用権を取得する」こと

　墓を建てるのは、一生に一度あるかないかの大仕事です。それにかなりの高価な買い物になります。

　家族でじゅうぶん話し合って、後悔のないように、進めることが肝要です。

1．墓地を買うのは、使用権を取得すること

　よく「お墓を買う」といいますが、それは通常の宅地の売買とは異なり、「墓地の所有権」を得るのではなく、「永代使用権」を取得することです。

　したがって、買ってそれで終わりではなく、購入後も「墓地管理費」の支払いが求められます。

　永代使用権は、子孫代々に受け継ぐことができますが、第三者に売ったり、墓地以外の目的に使用することはできません。

2．公営墓地、民営墓地、寺院墓地の違い

①公営墓地（霊園）

　都道府県や市区町村など自治体が設置し、管理・運営に

当たるもので、民営や寺院墓地にくらべて、宗派も問わないし、使用料も管理費も比較的安価です。

ただし人気の高い公営墓地は、その自治体に5年以上居住していること、納骨すべき遺骨があること、親族に限るなど、応募資格がきびしく定められていたりします。

公募に際しては、便利な場所は抽選になることも多いのが難点です。

②民営墓地（霊園）

民間の公益法人などが設置、運営するもので、宗派を問わず応募できますが、公営に比べれば使用料・管理費などが高めに設定されていることが多いようです。応募は、遺骨がなくても問題なく、生きているうちにお墓をつくることもできます。

墓石をつくるための石材店が指定されているなど、制約がある場合もあります。

③寺院墓地

寺院がその敷地内に墓地を設けている形で、立地に恵まれているところが多く、墓参もらくです。しかし通常、使用料も管理費もかなり高額になります。それでも「1千万2千万出しても有名寺院の墓地に入りたい」という希望者は多いようです。

忘れてはならないのは、寺院墓地を購入することが同時にそのお寺の「檀家になる」ということです。納骨については、それまでの宗派を問いませんというところも多いですが、納骨後はその寺院の宗派に属することになります。

そのため、「本堂の補修を行うので寄付をお願いします」などと、寄付や奉仕活動を要請されることもあります。

3．永代供養墓、納骨堂など

　最近、永代供養墓・納骨堂などのコマーシャルを見かけることが多くなりました。値段だけ考えれば、使用料は安いし、管理費も少額、子孫に負担をかけないなどの利点はあります。

　ただし、ほかの方々との合葬になりますから、「わが家のお墓」というわけにはいきません。

　ちなみに「永代」といっても、「永久」という意味ではありません。墓地管理者に「年会費（管理費）を納めている間」というのが一般的です。

4．墓石の値段は差が大きい

　国産の墓石で墓碑をつくった場合は、工事費をふくめて1基100万以上300万くらいまで考えたほうがいいと聞きます。最高級といわれる石なら700万、800万ともいいます。

　一方、最近多く使われている中国産の石材だと、工事費を含めて100万くらいとかなり安くあがります。ただし石の目の細やかさや艶などは国産に劣るそうです。それに一口に中国産といっても、品物はピンからキリまであるよ

うです。

　いずれにしても素人には石の優劣など見極められませんので、やはり信頼の置ける業者にお願いすることが安心でしょう。

5．ペットといっしょに眠れる墓も登場

　従来、人と動物をいっしょの墓に入れるなどタブーとされてきました。

　しかし、いまやペットを家族のひとりと考える人が多いのも事実です。「ペット霊園」というのは、いままでにも各所にありましたが、最近新しいトレンドとして、人とペットがいっしょに眠れる「ペット共葬墓地」という墓地も生まれています。

　メモリアルアートの大野屋では、霊園内に区画を設けて、「共葬用」として売り出しているそうです。

　まだ一部の動きでしかありませんが、寺院の墓地でも「ペット共葬可」という寺院が現れました。

どうする？ 2．意外と大変 お墓の引っ越し

　若い世代にとって、親の故郷が遠いものになりつつある

のは、やむをえない時代の流れです。

　それで、故郷のお墓に埋・収蔵された先祖代々の遺骨を、他の墓地、納骨施設に移すこと（改葬）も考えなくてはならなくなりました。

　改葬するには、「墓地、埋葬等に関する法律」の規定に従った手続きが必要となります。新・旧の墓地管理者との交渉や、市区町村役場での手続きを行わなくてはなりません。受入証明書 → 改葬許可申請書 → 改葬許可書の取得 → 提出という順になりますが、以下に少し具体的に説明します。

１．新しく墓地を決めます

　墓地を購入するなど、埋・収蔵場所を決めます。

２．「改葬許可申請書」の入手と埋蔵証明の受け取り

（１）「改葬許可申請書」を入手します

「改葬許可申請書」は各市区町村により様式が異なる場合がありますので、ご注意ください。入手方法は、現在の墓地などがある市町村役場にお問合せください。

（２）現在の墓地などの管理者から「埋蔵証明」を受け取ります

　通常、「埋蔵証明」は「改葬許可申請書」の所定の欄に墓地の管理者が証明をします。（墓地管理者が定める様式でも構いません。）

※現在の墓地の使用者を確認するため、「墓地使用許可書」等が必要になる場合があります。

＊埋蔵証明の発行手数料：手数料が必要の場合があります。墓地管理者にご確認ください。

3．改葬許可の申請と改葬許可証の受取り

現在の墓地がある市町村役場の戸籍担当窓口に「改装許可申請書」を提出し、「改葬許可証」をお受け取り下さい。

①改葬許可申請書の記入事項

改葬しようとする故人の氏名、本籍、住所、性別、死亡年月日、埋葬または火葬の年月日および場所、改葬先の墓地・納骨堂名称と所在、改葬の理由、申請人の氏名、住所、故人との続柄、墓地使用者との関係など

②手続きに必要なもの

・改葬許可申請書（埋蔵証明を含む）
・墓地使用者の「委任状」または「承諾書」

＊墓地使用者と申請者が異なる場合は必要となる場合があります。当該の市町村役場へご確認ください。改葬許可申請には手数料は不要です。

・申請者の認め印が必要となる場合があります。

4．遺骨の取り出し

改葬許可証を現在の墓地などの管理者に提示して、遺骨を取り出します。

改葬許可申請

第　　　号

死亡者の本籍	神奈川県横浜市泉区新橋町1-1
死亡者の住所	神奈川県横浜市泉区新橋町1-1-1
死亡者の氏名	横浜　一郎
死亡者の性別	㊚　・　女
死亡年月日	平成20年5月18日
埋葬又は火葬の場所	○○○火葬場
埋葬又は火葬の年月日	平成20年5月21日
改葬の理由	新規墓地購入のため
改葬の場所	△△△霊園　神奈川県横浜市南区平楽2-2-2
申請者の住所,氏名,死亡者との続柄及び墓地使用者等との関係	住所　神奈川県横浜市泉区新橋町1-1-1 氏名　横浜　花代　　　続柄　妻 墓地使用者等との関係　　本人

上記のとおり改葬したいので申請します。

平成27年9月30日

(申請先)　　　横浜市長　　　　申請者氏名　横浜　花代　㊞

（その際は、改葬許可証は渡しません。新しい墓地で必要になります。）

5．新しい墓地などへの埋・収蔵

改葬許可証を新しい墓地の管理者に提出し、遺骨を埋・収蔵することができます。
- 新しい墓地の「墓地使用許可書」等が必要な場合があります。
- 「埋葬届」（管理者の定める様式）が必要な場合があります。

事前に新しい墓地の管理者にご確認ください。

ここで説明したことは一般的な手続きです。

このほか、地域による風習や墓石の制限など、墓地管理者による決まり事などについては、遺骨が埋葬されている地域や墓地管理者、および新しい墓地の管理者や地域の情報を、前もって調べておくとよいでしょう。

また、手続きを始める前に、改葬することについて、親族内でじゅうぶん話し合いをすることも必要です。

改葬にあたっては、手続きのほか新旧管理者との調整も必要です。

現在の管理者には、故人のためにも、誠意をもって改葬の理由を説明し、これまでの感謝の気持ちを伝えましょう。

万一、管理者から離檀料・お布施等の名目で高額な金員

を請求されるなどのことがあったら、弁護士や、最寄りの市区町村役場の消費者生活センター等の相談窓口に相談されるとよいと思います。

どうする？ 3．仏壇をいつ買うか？ どう置くか？

1．仏壇は、必ず必要なものなのか

　大切な方を亡くし、あわてて仏壇を購入するという方も多いようです。いつまでに買ったらいいのか、せまい家の中でどこに置いたらいいのか、でも本当に必要なものなのか。
　たしかにいまは、仏壇のない家も決してめずらしくありません。
　しかし、仏教に対する信仰心というよりも、亡くなった方や、先祖に対する思いの表現として、仏壇を置いて、ご本尊様をまつり、故人のご位牌を拝むという行為は、大きな意義があるのではないでしょうか。

2．いつ買ったらいいか

　仏壇を買うのに「いつでなくてはならない」という決ま

りはありません。

　たしかに俗説で「誰も亡くなっていないのに仏壇を買うのは不吉だ」とか、「うるう年に仏壇を買ってはいけない」などと、聞いたことがありますが、そんな説に振り回される必要はありません。

　家族が亡くなって、それを機に仏壇購入を考えるという方も多いと思いますが、その場合は、四十九日の忌明けの法要の前にお求めになるのがよいのではないでしょうか。

　昔は、仏間などという広い部屋があり、大きな仏壇を置く家も多かったものですが、いまはマンションやアパート住まいの場合、大きな仏壇を置くスペースなどないのがほとんどでしょう。であればやはり、いまさかんに売り出されている厨子タイプの小ぶりな仏壇を選ばれてはいかがでしょう。

3．仏壇の飾り方

　ご本尊様または仏像やお経の掛け軸を奥に飾り、手前に位牌、その手前にご飯とお茶またはお水を置き、さらに手前にお鈴とろうそく立て、線香立てを並べることができればいいでしょう。

　位牌が複数ある場合は、向かって右の上座から、古い順に並べていきます。

　ご飯までは無理としても、毎朝お水を供え、ご先祖にごあいさつするだけでも、心が洗われるというものです。

第3章
死亡直後の社会保険の手続き

慣れない諸届をいろいろ
しなければなりません

日本の国民は、世界的に見ても、優れた国民皆保険の制度に守られています。病気やケガなど不慮の災害に直面したときには、その制度をじょうずに利用して病院へかかりますね。また、万一亡くなったあとでも、遺族がさまざまな給付を受けることができる仕組みも工夫されています。
　ただし、ほとんどの場合、自己申告にもとづいて、給付その他が行われることになりますので、それらの制度をうまく利用してもらいたいものです。

どうする？　1. 健康保険喪失手続き、残された家族の健康保険切り替え

　日本は国民皆保険の国です。すべての人が何らかの保険制度に加入しています。亡くなったときは、健康保険の資格を失うため、健康保険証を返却しなければなりません。加入していた保険によって、手続き方法が異なります。

＊まず健康保険証を確認することが必要です。

```
加入している健康保険
記号番号
保険者
お問い合わせ先
お問合せ電話番号
勤務中の方は、勤務先担当窓口
勤務先電話番号
```

＊亡くなった方が、どこに当てはまるか下の表で確認してみましょう。

亡くなった方	届出先	返却物・必要なもの
① 健康保険（共済組合）の被保険者（勤めていた方本人）	勤務先を通じて手続き。扶養されていたご家族全員健康保険から抜けます	・健康保険被保険者証（全員分）
② 健康保険の被扶養者（勤めていた方に扶養されていた方）	勤務先を通じて手続き	・亡くなった方の健康保険被保険者証 ・印鑑
③ 国民健康保険の被保険者（世帯主）	亡くなった方が住んでいた市区町村役場の窓口	・世帯全員の国民健康保険被保険者証 ・死亡を証明するもの ・印鑑
④ 国民健康保険の被保険者（世帯主以外）	亡くなった方が住んでいた市区町村役場の窓口	・亡くなった方の国民健康保険被保険者証 ・死亡を証明するもの ・印鑑
⑤ 後期高齢者医療制度被保険者（75歳以上・65歳〜74歳の一定の障害状態にある方）	亡くなった方が住んでいた市区町村役場の窓口	・亡くなった方の後期高齢者医療被保険者証 ・印鑑

＊詳細は、事前にお問い合わせください。

「特定疾病療養受療証」「限度額適用認定証」「限度額適用・標準負担額減額認定証」「後期高齢者医療限度額適用・標準負担額減額認定証」等をお持ちの場合、健康保険被保険者証といっしょに返却します。

②の場合、その後は、国民健康保険に加入するか、会社員である他の家族の健康保険の被扶養者となることが考えられます。健康保険の被扶養者と認定されるには、一定の要件があります。

亡くなった方の健康保険の被扶養配偶者であった方は、それまで国民年金の第3号被保険者でしたが、これからはご自身が第1号被保険者となり、自ら国民年金保険料を納付しなければなりません。

どうする？ 2. 葬祭費・埋葬料の給付申請をしよう

亡くなった方が加入していた公的保険制度から、葬儀費用の一部として「葬祭費」または「埋葬料（費）」が支給されます。時効は2年です。

1．亡くなった方が、国民健康保険・後期高齢者医療制度に加入していたとき

この場合、葬儀を行った喪主の方に対して葬祭費が支給されます。

亡くなった方の住んでいた場所や加入していた制度によって異なりますが、一般的に3～5万円程度です。市区町村によって他の給付が独自に受けられる場合もありますので、窓口で確認してみましょう。

葬祭費の申請方法

申請窓口	亡くなった方が住んでいた市区町村の国民健康保険担当窓口・後期高齢者医療担当窓口
申請できる人	葬儀を行った方
申請書類	葬祭費支給申請書
必要なもの	印鑑・振込先口座番号・喪主の確認ができる書類（葬儀にかかった領収書、請求書または会葬礼状など）

＊手続き方法や必要書類等については事前に窓口にお問い合わせください。

2．亡くなった方が健康保険に加入していたとき

　会社員等で健康保険の被保険者であった方が業務外の事由により亡くなった場合、亡くなった被保険者により生計を維持されていた方に「埋葬料」が、被扶養者が亡くなったときは、被保険者に「家族埋葬料」が、支給されます。金額は5万円です。

　埋葬料を受けとる方がいない場合は、実際に埋葬を行った方（費用を支払った方）に、埋葬料（5万円）の範囲内で実際に埋葬に要した費用が「埋葬費」として支給されます。

　さらに、健康保険組合の場合、付加給付がある場合があります。

　申請する際、事業主の証明が受けられれば、死亡に関する証明書は不要です。一般的に健康保険証をお返しする際にいっしょに申請するケースが多いようです。

埋葬料（費）の申請方法

申請窓口	亡くなった方の加入していた協会けんぽ都道府県支部もしくは健康保険組合
申請できる人	被保険者が亡くなった場合、被保険者により生計を維持されていた人 被扶養者が亡くなった場合、被保険者 該当者がいない場合は、埋葬を行った人
申請書類	被保険者・家族埋葬料（費）支給申請書
必要なもの	印鑑・振込先口座番号、事業主の証明があれば死亡がわかる書類不要 埋葬費の場合、葬儀にかかった費用の領収書原本、費用の明細書

以下にあてはまる場合には、必要な書類の添付が必要です。

死亡原因が負傷による場合	「負傷原因届」
死亡原因の負傷が第三者の行為による場合	「第三者行為による負傷原因届」
埋葬料（被保険者が亡くなり、被保険者により生計維持されていた被扶養者以外の方が申請する場合）	生計維持を確認できる書類 ・住民票 ・住居が別の場合仕送り等の事実がわかる書類
埋葬費（被保険者が亡くなり、被保険者により生計を維持されていた方がいない場合で実際に埋葬を行った方が申請する場合）	・領収書の原本 ・埋葬に要した費用の明細書

事業主の証明を受けられない場合 任意継続被保険者（被扶養者）が亡くなった場合	・埋葬許可証または火葬許可証のコピー ・死亡診断書、死体検案書または検視調書のコピー ・亡くなった方の戸籍(除籍)謄(抄)本 ・住民票

＊P72に埋葬料支給申請書の見本を掲載しましたが、くわしいことは事前にお問い合わせください。

3．葬祭費や埋葬料は「葬儀や埋葬が行われたこと」に対して支払われる

葬祭費や埋葬料は、「亡くなったこと」に対して支払われるものではなく、「葬儀や埋葬が行われたこと」に対して支払われるものであることにご注意ください。

また、業務上の災害や通勤災害で亡くなった場合は、健康保険ではなく、労働者災害補償保険（以下「労災保険」）から、葬祭料（葬祭給付）が支給されます。

労災保険の手続きは、故人の勤務先に確認しながら行うことが一般的です。

4．労災保険

会社員等雇われている人に対して会社は労災保険に加入しています。保険料は全額会社負担のため、あまり意識することはないかもしれません。労災保険では、業務上や通勤途中の死亡事故などに対する補償も行っています。故人

の収入で生計を維持されていた配偶者、子、父母、孫、祖父母および兄弟姉妹を対象にした年金(遺族(補償)年金)です。妻以外には細かい支給要件があります。また、誰も支給要件に当てはまらないときは遺族(補償)一時金が支給される場合があります。

　労災に該当するかどうかの判断は労働基準監督署で行います。また、会社には、労災申請の際に証明や助力する義務があります。

　請求方法などの相談は、会社管轄の労働基準監督署または、労災保険相談ダイヤル0570-006031(月〜金9時〜17時)で行っています。

健康保険 被保険者/家族 埋葬料（費）支給申請書

1ページ
（被保険者（申請者）記入用）

記入方法および添付書類等については、「健康保険 被保険者 家族 埋葬料（費）支給申請書 記入の手引き」をご確認ください。
届書（申請書）は、楷書で枠内に丁寧にご記入ください。 記入見本 `0 1 2 3 4 5 6 7 8 9 ア イ ウ`

被保険者（申請者）情報

被保険者証の（左づめ）	記号 `2 1 7 0 0 0 2 3` 番号 `2 1` 生年月日 ☑昭和 □平成 `6 1 1 0 2 2`
氏名・印	（フリガナ）キョウカイ ハナコ　協会 花子　(協会印)　自署の場合は押印を省略できます。
住所	〒105-0000　東京（都道府県）港区○○ 1-1　△△マンション101
電話番号（日中の連絡先）	TEL 03（XXXX）XXXX

振込先指定口座

金融機関名称	○○○○　(銀行)・金庫・信組・農協・漁協・その他（　）　○○○○　本店・(支店)・出張所・本所・支所
預金種別	`1`　1.普通 2.当座 3.別段 4.通知　口座番号 `1 2 3 4 5 6 7`　左づめでご記入ください。
口座名義	※カタカナ（姓と名の間は1マス空けてご記入ください。濁点（゛）、半濁点（゜）は1字としてご記入ください。）`キョウカイ　ハナコ`　口座名義の区分 `1`　1.申請者 2.代理人

「2」の場合は必ず記入・押印ください。（押印省略不可）

受取代理人の欄

被保険者（申請者）	本申請に基づく給付金に関する受領を下記の代理人に委任します。　平成　年　月　日　氏名・印　(印)　住所　「被保険者（申請者）情報」の住所と同じ
代理人（口座名義人）	住所〒　-　TEL（　）　（フリガナ）氏名・印　(印)　委任者と代理人との関係

「申請者・事業主記入用」は2ページに続きます。》》》

社会保険労務士の提出代行者名記載欄　(印)

受付日付印 (26.9)

様式番号 □□□□□　協会使用欄 □□

全国健康保険協会　協会けんぽ

(1/2)

健康保険 被保険者/家族 埋葬料(費)支給申請書

(被保険者(申請者)・事業主記入用) 2ページ

被保険者氏名
協会 太郎

申請内容

死亡年月日	死亡原因	第三者の行為によるものですか
死亡した方の 平成 26年 04月 21日	急性心不全	□はい ☑いいえ 「はい」の場合は「第三者の行為による傷病届」を提出してください。

●家族(被扶養者)が死亡したための申請であるとき

ご家族の氏名	生年月日 □昭和 □ 年 月 日	被保険者との続柄

亡くなられた家族は、退職等により健康保険の資格喪失後に被扶養者の認定を受けた方で、今回の請求は次に該当することによる請求ですか。
①資格喪失後、3か月以内に亡くなられたとき
②資格喪失後、傷病手当金や出産手当金を引き続き受給中に亡くなられたとき
③資格喪失後、②の受給終了後、3か月以内に亡くなられたとき

1. はい　2. いいえ

「はい」の場合、家族が被扶養者認定前に加入していた健康保険の保険者名と記号・番号をご記入ください。

保険者名

記号・番号

●被保険者が死亡したための申請であるとき

被保険者の氏名	被保険者からみた申請者との身分関係	埋葬した年月日
協会 太郎	妻	平成 年 月 日

埋葬に要した費用の額	法第3条第2項被保険者として支給を受けた時はその金額(調整減額)
円	円

亡くなられた方は、退職等により全国健康保険協会管掌健康保険の被保険者資格の喪失後に家族の被扶養者となった方で、今回の請求は次に該当することによる請求ですか。
①資格喪失後、3か月以内に亡くなられたとき
②資格喪失後、傷病手当金や出産手当金を引き続き受給中に亡くなられたとき
③資格喪失後、②の受給終了後、3か月以内に亡くなられたとき

1. はい　2. いいえ

「はい」の場合、資格喪失後に家族の被扶養者として加入していた健康保険の保険者名と記号・番号をご記入ください。

保険者名

記号・番号

●介護保険法のサービスを受けていたとき

保険者番号	被保険者番号	保険者名称

事業主証明欄

死亡した方の氏名	被保険者・被扶養者の別	死亡年月日
協会 太郎	●被保険者 ○被扶養者	平成 26年 4月 21日死亡

上記のとおり相違ないことを証明する　平成 26年 4月 27日

事業所在地　東京都中央区△△1-2

事業所名称　(株)健保商事

事業主氏名　健保 三郎　(事業主印)　TEL (　)

全国健康保険協会
協会けんぽ

どうする？ 3. 健康保険の資格喪失後に被保険者であった方が亡くなったとき

　次のいずれかに該当する場合、健康保険からの埋葬料（費）の申請が可能です。
1. 被保険者だった方が資格喪失後3ヶ月以内に亡くなった時
2. 被保険者だった方が資格喪失後の傷病手当金または出産手当金の継続給付を受けている期間に亡くなった時
3. 被保険者だった方が資格喪失後の傷病手当金または出産手当金の継続給付を受けなくなった日後3ヶ月以内に亡くなった時

　健康保険の被扶養者であった方が資格喪失後に亡くなった場合は、家族埋葬料は受けられません。

どうする？ 4. 高額療養費の請求前に亡くなったとき

　高額療養費は、国民健康保険、後期高齢者医療制度、健康保険に加入している人の同一月内の医療費の自己負担額が、所得や年齢などに応じて設定されている自己負担限度

額(負担上限)を超えた場合に、その超えた額の払い戻しを請求できる制度です。

ただし、保険対象外の治療や投薬、差額ベッド代や入院中の食事代等は対象になりません。

医療費の自己負担額が高額だった場合、ご本人が亡くなった後に法定相続人により請求することもできますので、確認しましょう。

1．請求手続き

	国民健康保険	健康保険
申請窓口	亡くなった方のお住まいの市区町村担当窓口	亡くなった方が加入していた協会けんぽまたは、健康保険組合
申請書類	高額療養費支給申請書	
必要なもの	病院に支払った領収書、権利継承届、戸籍謄本等＊	

＊申請先によって他に添付書類が必要な場合があります。事前に確認しましょう。

2．高額療養費の計算方法

自己負担額の毎月の上限は、加入者の年齢(70歳未満または70歳以上)や所得によって異なり、公的健康保険ごとにそれぞれ定められています。

また、「世帯合算」(個人の複数の受診や世帯を同じくする家族の自己負担額を1か月単位で合算できる仕組み。た

だし、70歳未満の方の受診については21,000円以上の自己負担のみ合算）や「多数回該当」（同じ世帯で直近の12か月に4回以上自己負担額を超えた場合に、4回目からは自己負担額が軽減される仕組み）を利用することで負担を軽減することができます。

健康保険高額療養費自己負担額の限度額

一例として、健康保険に加入している70歳未満の方を例にします。

所得区分	1か月の負担の上限額。〈　〉内は多数回該当
① 標準報酬月額 83万円以上	252,600円＋（総医療費－842,000円）×1％〈140,100円〉
② 標準報酬月額 53万円～79万円	167,400円＋（総医療費－558,000円）×1％〈93,000円〉
③ 標準報酬月額 28万円～50万円	80,100円＋（総医療費－267,000円）×1％〈44,400円〉
④ 標準報酬月額 26万円以下	57,600円〈44,400円〉
⑤ 低所得者	35,400円〈24,600円〉

（注）区分①②に該当する場合、市区町村民税が非課税であっても標準報酬月額での区分は①または②の該当となります。

標準報酬月額41万円の方が、医療費として3割負担30万円支払った場合を例にしますと実際の医療費は100万円です。限

度額は、80,100 ＋（1,000,000 － 267,000）× 1 ％ ＝ 87,430円となります。高額療養費を請求すると 30 万円から 87,430 円をひいた 212,570 円が返金されます。

どうする？ 5. 傷病手当金等を受給している方が亡くなったとき

　請求すれば受給できた傷病手当金・出産育児一時金・家族出産育児一時金・出産手当金・高額療養費等の健康保険から支給される保険給付を、受給する前や受給している途中に亡くなってしまった場合、まだ受け取っていないものについて、遺産相続人が請求して受け取ることができます。
　この場合、会社の証明が必要な場合もありますので、会社の担当者を確認しておくのがよいでしょう。

どうする？ 6. 雇用保険の基本手当等を受給している方が亡くなったとき

　万が一、雇用保険失業給付等雇用保険による給付を受給中の方が亡くなったとき、亡くなった方と生計を同じくしていたご遺族（配偶者、子、父母、孫、祖父母、兄弟姉妹

の順序で一人だけ）は、死亡の前日までの未支給の給付金を受け取ることができます。

請求期限は死亡した日の翌日から6か月以内です。

該当する場合は、管轄のハローワークにお尋ねください。

どうする？ 7. 面倒なことはプロに任せるのも一案

この章で述べてきたことや第3章、5〜7章などの内容は、普通の方にはなかなか理解出来なかったり、面倒だったりする事も多いので、その道のプロに任せるのも一案でしょう。

その際はもちろん費用がかかりますので、よく考えたり、相談して決めるのが賢明です。法律関係のプロには次の資格があります。

● 弁護士

弁護士は、相続手続きに関する紛争等が生じた場合などに、法律に基づいて解決してくれます。

弁護士の中にも、相続関係を専門に扱う弁護士と、その他の業務を専門的に取り扱う弁護士がいます。

相続に関係する相談は、できれば相続を専門としている弁護士へ相談される方がよいと思います。

● 司法書士

　司法書士は、不動産登記や商業登記業務を代理し、その他公的な書類等を作成します。

　亡くなった方の遺産の中に不動産がある場合には、司法書士への相談をおすすめします。

　司法書士は、故人の不動産の名義を相続人に書き換える「相続登記」や「相続放棄」、家庭裁判所に対する「調停審判の申立書」や、「遺言書」の作成等の業務を行います。

プロに相談することも
考えて

● 行政書士

　行政書士は、役所等に提出する必要のある書類を作成します。また、被相続人の戸籍謄本等の取り寄せや、遺言書や遺産分割協議書を作成することなどが主な仕事です。

　相続人が複数いて、亡くなった方も転籍を繰り返し、戸籍を取ることが難しい、誰が相続人なのかわかりにくい等のときには、行政書士が頼りになります。また行政書士は、自動車等の名義変更なども行います。

● 税理士

　相続税の申告をするには、預金・土地・有価証券等の財産の評価をする必要があります。相続税を納めなければならない場合は、亡くなった方の死亡の日から10ヶ月以内

に申請しなければなりません。

相続税の申告について、いろいろ心配な場合は、税理士へ相談するのがよいでしょう。

● 社会保険労務士

社会保険労務士は、労働・社会保険に関する法律、人事・労務管理の専門家として、企業経営の3要素（ヒト・モノ・カネ）のうち、ヒトの採用から退職までの労働・社会保険に関する諸問題、さらに年金の相談に応じる、ヒトに関するエキスパートです。

遺族年金や高額医療費、健康保険等について心配なことは、社会保険労務士へ相談するのがよいと思います。

第4章

遺族年金

残された方がハッピーに
なれるように……

1. 国民年金と厚生年金

公的年金には、高齢期の生活を支えるための老齢年金、病気やけがによって障害が残った時に支給される障害年金、亡くなった時に遺族の生活を支えるための遺族年金があります。

公的年金制度は、2階建てになっています。

国民年金は、日本に住む20歳以上60歳未満のすべての国民が加入しています。会社員や公務員等は、国民年金に加えて厚生年金も同時に加入しています。平成27年10月1日以後は、民間会社に勤務する人も公務員等も厚生年金に加入することに制度が変わりました。

国民年金の被保険者の種別

被保険者の種類	被保険者	年金の種類
第1号被保険者	20歳以上60歳未満で、学生、自営業などの人	国民年金
第2号被保険者	65歳未満の会社員、公務員など	国民年金＋厚生年金
第3号被保険者	第2号被保険者の配偶者（20歳以上60歳未満の人）	国民年金

どうする？ 2. とっても大事な保険料納付要件

　公的年金をもらうためには、本人がきちんと年金を納めていたことが「必要条件」になります。

　遺族年金をもらうためには、死亡日が含まれる月の前々月までの被保険者期間に、国民年金の保険料納付済期間及び免除期間、厚生年金の被保険者期間、共済組合の組合期間の合計が3分の2以上あることが必要です。

　けれども、死亡日が平成38年3月末日までのときは、死亡した人が65歳未満であれば、死亡日が含まれる月の前々月までの直近1年間に、保険料の未納がなければよいことになっています。

　例を示しますと、

　Aさんは、20歳から8年間勤めていた会社を辞め、独立して自営業を始めましたが、経営が苦しく国民年金の手続きをしませんでした。その後仕事は順調になりましたが、年金手続きのことは忘れ、忙しさにかまけて健康診断受診も怠っていました。

　そんなAさんは45歳のときに病気になり、入院3か月で奥様と小学2年生と中学1年生の息子さんを残し、帰らぬ人となってしまいました。

> Aさんは20歳から45歳の25年間に8年分しか保険料を納めていませんでした。そのため（3分の2に満たないため）、Aさんのご遺族は遺族年金をもらうことができません。

実は、国民年金には、保険料を納めることが経済的に難しい時、保険料免除や納付猶予してくれる制度があります。

もしもAさんが、会社を退職したときにすぐ国民年金保険料免除を申請して承認された場合、その期間は未納とはならず、残されたご遺族は遺族年金を受給することができました。

保険料を納めた期間が全体の3分の2なくても、死亡日が平成38年3月末日までのときは、死亡した方が65歳未満であれば、死亡日の前日において死亡日が含まれる月の前々月までの直近1年間に保険料の未納がなければよいことになっています。

Aさんが亡くなる前日までに滞納していた保険料を支払い、この要件を満たすことで遺族年金に結び付くことも可能でした。

亡くなられた方は、どこに当てはまるか次頁の表で確認してみましょう。

	国民年金	厚生年金
加入する人は？	自営業や農業・漁業等に従事する人、学生、フリーター、無職等20歳以上60歳未満の国内在住者	法人や団体で働く70歳未満のサラリーマン等や公務員等 国民年金にも同時に加入している
保険料はいくら？	1人一律月額16,260円（平成28年度） 国民年金第3号被保険者は自己負担なし	給料月額、賞与額に応じて決定され、同額を事業主（会社等）が負担している。
保険料の支払方法は？	振込・口座振替・クレジット払い等	給与天引きで支払う
保険料は何年支払うの？	原則として20歳〜60歳	在職中（最長70歳まで）20歳未満の人も支払う
保険料免除・納付猶予制度	あり（申請・法定）	産前産後休暇中・育児休業中の保険料免除
亡くなった時に年金の対象となり得るご遺族	子のある配偶者 子	子のある妻・子のある55歳以上の夫、子、子のない妻、子のない55歳以上の夫、55歳以上の父母、孫、55歳以上の祖父母 支給に年齢制限がある場合あり。優先順位の高い方が受け取る

	国民年金	厚生年金
遺族年金	遺族基礎年金 遺族厚生年金が併給される場合あり	遺族厚生年金 遺族基礎年金が併給される場合あり ※該当すれば中高齢寡婦加算、経過的寡婦加算
遺族年金の金額	定額（子の人数による）	亡くなった方の年金額に応じる

平成 27 年 10 月、共済年金が厚生年金に統合されました。

《注意》

①遺族年金でいう「子」は、死亡当時婚姻しておらず、18 歳になった年度の 3 月 31 日を経過していない子、あるいは 20 歳未満で障害等級 1・2 級の障害の状態にある子に限ります。（死亡当時胎児であった子も出生以降に対象となります）

②第 1 号被保険者としての保険料納付済期間のある人が亡くなったとき、遺族基礎年金を受け取ることができる遺族がいない場合に、寡婦年金または死亡一時金を受け取れる場合があります。

どうする？ 3．遺族年金の基礎知識

遺族年金は、残された遺族の生活を保障するために支給

される年金です。年金を受給できる遺族と、相続を受けられる遺族は異なります。どのような方が遺族年金の対象になるのか、該当した場合にいくら受給できるのかを確認する必要があります。

①年金でいう「生計を維持されていた」とは？

「生計を維持されていた」とは、死亡当時、亡くなった方と生計を同一にしていた方で、かつ原則として前年の収入が850万円未満の場合をいいます。

ただし、死亡当時の前年の収入が850万円以上であっても、おおむね5年以内に850万円未満になると認められる方は、遺族年金の対象となります。

②年金請求の時効

年金の受給には5年の時効があります。一時金は2年です。

③年金額の変動

年金は、物価や賃金等の変動に応じて毎年見直しが行われます。見直しの結果、年金額が増減することがあります。

④受給期間

年金は、一度決まったらずっともらえるというわけではありません。支給停止や失権（受給権をなくすこと）があります。

⑤年金は1人1年金

年金は1人1年金が原則です。遺族年金を受給中に他の年金を受け取ることができる場合、どちらか1つを選択して受け取ることになります。

ただし、併給といって2つ以上の年金を受け取れるケースもあります。組み合わせは複雑ですので、選択しなければならないときは事前の相談が大切です。

⑥遺族年金の対象となる配偶者

　遺族年金を受給できる「配偶者」は戸籍上の配偶者だけでなく、事実婚や内縁関係だった人も含まれます。その場合、請求者は住民票や第三者の証明などにより、亡くなった方と事実上の婚姻関係であったことを証明する必要があります。

⑦遺族年金の対象となる「子」

　遺族年金の対象となる子は、死亡当時婚姻しておらず、18歳になった年度の3月31日を経過していない子、あるいは20歳未満で障害等級1・2級の障害の状態にある子に限ります。（死亡当時胎児であった子も出生以降に対象となります）

⑧年金の支給日

　年金は原則として偶数月の15日に前2か月分が振り込まれます。

⑨保険料納付要件

　前に述べた例でも説明しましたが、被保険者または被保険者であった方が亡くなって遺族年金を請求する場合、死亡日が含まれる月の前々月までの被保険者期間に国民年金の保険料納付済期間及び免除期間、厚生年金の被保険者期間、共済組合の組合期間の合計が3分の2以上あることが必要です。

なお、死亡日が平成38年3月末日までのときは、死亡した人が65歳未満であれば、死亡日が含まれる月の前々月までの直近1年間に保険料の未納がなければよいことになっています。

　また、死亡当時すでに老齢年金（退職年金を含む）を受給していたり、受給資格期間を満たしていたときは、保険料納付要件は問われません。

⑩**失権**

　遺族基礎年金・遺族厚生年金の受給権者が、次のいずれかに該当したときは、遺族基礎年金・遺族厚生年金の受給権が消滅します。

1. 死亡したとき
2. 婚姻したとき（事実婚を含む）
3. 直系血族及び直系姻族以外の方の養子となったとき
4. 離縁によって死亡した方との親族関係がなくなったとき
5. 子・孫については18歳になった年度の3月31日に達した時（障害の状態にある場合には20歳になったとき）、または18歳になった年度の3月31日後20歳未満で1級・2級の障害の状態に該当しなくなったとき
6. 父母・孫・祖父母については死亡した方の死亡当時胎児であった子が生まれたとき
7. 夫が亡くなったときに30歳未満で子のない妻が、遺族厚生年金を受ける権利を得てから5年を経過

したとき（夫が亡くなった時に胎児であった子が生まれ、遺族基礎年金を受けられるようになった場合を除く）
8．遺族基礎年金と遺族厚生年金を受けていた妻が、30歳に到達する前に遺族基礎年金を受ける権利がなくなり、遺族基礎年金を受ける権利がなくなってから5年を経過したとき

※7、8は平成19年4月1日以後に夫が亡くなり遺族厚生年金を受ける場合に限ります。

どうする？ 4．遺族基礎年金とは

　遺族基礎年金は、国民年金加入中の方が亡くなったときなどに、その方によって生計維持されていた「子のいる配偶者」または「子」が受けることができます。

　遺族年金でいう子とは、18歳の誕生日の属する年度末までです。

　ただ、子に障害（1級・2級）がある場合は20歳までです。いずれも結婚していないことが要件です。

「子のある夫」は、平成26年4月以降に妻が死亡した方から対象となりました。

　また、亡くなった方が次のいずれかの条件を満たしていることが必要です。

① 国民年金の被保険者期間中に死亡したとき
② 国民年金の被保険者であった60歳以上65歳未満の方で、日本国内に住所を有していた方が死亡したとき
③ 老齢基礎年金を受けていた方が死亡したとき
④ 老齢基礎年金を受けられる受給資格期間を満たしている方が死亡したとき

ただし①②の場合は、死亡日が含まれる月の前々月までの間に、国民年金の保険料納付済期間および免除期間、厚生年金の被保険者期間の合計が3分の2以上あることが必要です。なお、死亡日が平成38年3月末日までの間は、死亡した方が65歳未満であれば、死亡日が含まれる月の前々月までの直近1年間に保険料の未納がなければよいことになっています。

遺族基礎年金の年金額（平成28年度の金額）

（1）配偶者が受ける遺族基礎年金の額

子の人数	基本額	加算額	合　計
1人のとき	780,100円	224,500円	1,004,600円
2人のとき	780,100円	449,000円	1,229,100円
3人のとき	780,100円	523,800円	1,303,900円

＊子が4人以上いる配偶者の場合は、子が3人いる配偶者の額に1人につき74,800円を加算します。

(2) 子が受ける遺族基礎年金の額

子の人数	基本額	加算額	合　計	一人当たりの額
1人のとき	780,100 円	—	780,100 円	780,100 円
2人のとき	780,100 円	224,500 円	1,004,600 円	502,300 円
3人のとき	780,100 円	299,300 円	1,079,400 円	359,800 円

どうする？ 5．遺族厚生年金とは

亡くなった方が次のいずれかの条件を満たしていることが必要です。

> ① 厚生年金保険の被保険者である間に死亡したとき。
> ② 厚生年金保険の被保険者期間に初診日がある病気やけがが原因で、初診日から5年以内に死亡したとき
> ③ 1、2級の障害厚生（共済）年金を受け取っている方が、死亡したとき
> ④ 老齢厚生年金の受給権者、または老齢厚生年金を受け取るために必要な加入期間の条件を満たしている方が死亡したとき

ただし①②の場合は、死亡日が含まれる月の前々月までの間に、国民年金の保険料納付済期間および免除期間、厚生年金の被保険者期間の合計が3分の2以上あることが必

要です。

　なお、死亡日が平成38年3月末日までの間は、死亡した方が65歳未満であれば、死亡日が含まれる月の前々月までの直近1年間に保険料の未納がなければよいことになっています。

　わかりやすいように次の例で示します。

　Bさんは4年前に、家業の豆腐屋を継ぐために会社を退職しました。退職の半年ほど前健康診断で肝臓に異常があり、医者に診察に行った際に、出張の多い今の仕事は体に無理がかかると言われたのがきっかけです。その後ずっと近所の病院に通院しながら家業に携わっていましたが、肝硬変のため、平成27年8月3日に45歳の若さで亡くなってしまいました。

　Bさんにはお子さんはおらず、残された家族は70代のご両親と42歳の妻です。

　Bさんは、ご両親の勧めもあり、夫婦ともに退職後は、国民年金をきちんと支払ってきました。

　Bさんは、保険料納付要件を満たしています。

　次に考えなくてはならないことは、奥様に遺族年金がもらえるかどうかです。遺族基礎年金は「子のある配偶者」「子」が対象ですので、子供さんがいらっしゃらないBさんの奥様はもらえません。

　次に遺族厚生年金がもらえるかどうかを見て行きます。

在職中の死亡の場合、厚生年金の被保険者期間中の死亡として遺族厚生年金が支給されますが、Bさんのように退職後でも初診日（初めて医師の診断を受けた日）が厚生年金の期間（在職）中で初診日から5年以内の死亡であれば、遺族厚生年金の対象となることができます。
　Bさんの場合、退職前に受診した病気が元で死亡したとする「受診状況等証明書」を主治医に書いていただきました。それを年金請求時に添付して因果関係を認めてもらい、Bさんの奥様は遺族厚生年金を受給することができました。
　また、42歳の奥様には遺族厚生年金に中高齢寡婦加算585,100円（平成28年度）が65歳まで加算されます。
　中高齢寡婦加算は、奥様が65歳になると経過的寡婦加算（生年月日に応じて585,100円～19,527円に切り替わります。

　会社を辞めるとそれまで厚生年金に加入していた方は国民年金加入となります。
　亡くなった時の加入が厚生年金か国民年金かで、万一亡くなった時の遺族年金は大きく変わることになります。
　脱サラを考えていらっしゃる方は、体に気になることがあるなら、「在職中に医者にかかって初診日を作っておく」ことも、家族を守るために有効かもしれません。

1. 遺族厚生年金を受けることができる遺族の方

遺族厚生年金を受け取ることができる遺族は、死亡当時、死亡した方によって生計を維持されていた以下の方が対象で、もっとも優先順位が高い方が受け取ることができます。

＜優先順位＞

① 子のある妻、子のある55歳以上の夫
② 子（18歳に達する年度の末日までにあるか、または、20歳未満で1級・2級の障害の状態にあること）
③ 子のない妻
④ 子のない55歳以上の夫
⑤ 55歳以上の父母
⑥ 孫（18歳に達する年度の末日までにあるか、または、20歳未満で1級・2級の障害の状態にあること）
⑦ 55歳以上の祖父母

ただし、配偶者と子の場合を除いて、年金を受けとっていて亡くなった前の順位の人に代わって、あとの順位の人が年金を受けること（転給）はできません。

＊夫、父母、祖父母については、死亡当時55歳以上であることが必要です。（受給開始は60歳からになります。夫が遺族基礎年金を受給中の場合には60歳より前でも遺族厚生年金を合わせて受け取ることができます）

＊子、孫（「子のある妻」「子のある夫」「子のない妻」「子のない夫」の「子」を含む）については、18歳に達

する年度の末日までにあるか、または、20歳未満で1級・2級の障害の状態にあること、婚姻していないことが必要です。

＊夫が死亡した当時、妻が妊娠していた場合、胎児であった子も出生以降に対象となります。
＊30歳未満の子のない妻は、5年間の有期給付となります。

2. 遺族厚生年金の年金額

遺族厚生年金は、遺族基礎年金のように定額ではなく、原則として亡くなった方の老齢厚生年金の報酬比例部分の4分の3になります。

また厚生年金の加入期間中の死亡、あるいは加入期間中に初診日のある傷病で退職後に初診日から5年以内の死亡である場合で、亡くなった方の厚生年金の加入年数が25年未満の場合、25年（300月）加入期間があるとみなして計算してもらえる特例があります。

どうする？ 6. 遺族厚生年金に加算される給付

厚生年金の被保険者等であった夫が亡くなった場合、遺

族厚生年金の支給要件に該当するが、遺族基礎年金の支給要件に該当しない妻、子が18歳に達する等により遺族基礎年金の支給が終了した妻に、加算される給付があります。

1. 中高齢の寡婦加算

次のいずれかに該当する妻が受け取る遺族厚生年金には、40歳から65歳になるまでの間中高齢の寡婦加算として585,100円が加算されます。
① 夫が死亡したときに妻が40歳以上65歳未満で生計を同じくする子がいない場合
② 遺族厚生年金と遺族基礎年金を受け取っていた「子のある妻」（40歳に達した当時、子がいるため遺族基礎年金を受けていた妻に限る）が、子が18歳になった年度の3月31日に達した（障害の状態にある場合は20歳に達した）ため、遺族基礎年金を受けることができなくなった場合

亡くなった方が老齢厚生年金の受給権者、または受給資格を満たしている場合による遺族厚生年金の場合は、死亡した夫の厚生年金保険の加入期間が20年（中高齢の期間短縮の特例などにより20年未満の加入期間で受給資格期間を満たした方はその期間）以上なければ、中高齢の寡婦加算額は受け取ることができません。

妻が遺族基礎年金を受け取ることができるときは、中高齢の寡婦加算額は支給停止されます。

2. 経過的寡婦加算

　夫の死亡当時、請求者の妻自身が65歳にすでに達している場合や、中高齢の寡婦加算額を受け取っている方が65歳になると、中高齢の寡婦加算額が経過的な加算額に変わります。

　経過的な加算額は、遺族厚生年金受給者の生年月日に応じて変わります。

　なお、平成27年10月1日以後の死亡の場合は、中高齢の寡婦加算も経過的寡婦加算も、加算される要件の夫の厚生年金加入期間が20年以上には、厚生年金加入期間の他に平成27年9月30日までの各種共済年金加入期間も合算して判断されます。

どうする？ 7. 国民年金独自の給付

　遺族基礎年金が受給できない場合に、国民年金の独自給付として「寡婦年金」と「死亡一時金」があります。どちらも国民年金独自の給付制度で、厚生年金保険にはありません。ただし、両方を受け取ることはできないため、両方の要件に該当した場合、どちらかを選択します。

1. 寡婦年金

亡くなった方と10年以上継続して婚姻関係（事実婚を含む）にあり、生計維持されていた妻が次の要件に該当する場合に、60歳から65歳になるまで受け取ることができます。

亡くなった夫	・国民年金第1号被保険者（任意加入被保険者期間を含む）の保険料納付済期間と保険料免除期間が合わせて25年以上ある ・障害基礎年金の受給権を有していない ・老齢基礎年金を受け取ったことがない
対象になる妻	・夫の死亡当時65歳未満 ・繰り上げ支給の老齢基礎年金を受け取っていない ・他の年金を受けているときは選択となる
年金額	・故人の第1号被保険者期間から算出した老齢基礎年金の4分の3
時効	・死亡日の翌日から5年

2. 死亡一時金

故人が	・国民年金第1号被保険者（任意加入被保険者を含む）の保険料納付済期間が36月以上ある ・老齢基礎年金・障害基礎年金を受けたことがない
対象となる遺族	・故人と生計を同一にしていた配偶者、子、父母、孫、祖父母、兄弟姉妹の順
時効	・死亡日の翌日から2年
留意点	・遺族基礎年金受給者がいる場合は請求できません。

死亡一時金の額は、保険料納付済期間に応じて次の表のとおりです。

保険料納付済月数	金　額
36月以上180月未満	120,000円
180月以上240月未満	145,000円
240月以上300月未満	170,000円
300月以上360月未満	220,000円
360月以上420月未満	270,000円
420月以上	320,000円

　保険料の一部免除を受けていた期間については、1/4納付期間は1/4に相当する月数、半額納付期間は1/2に相当する月数、3/4納付期間は、3/4に相当する月数として計算します。

　死亡した月の前月までに付加保険料納付済期間が、36月以上ある場合は、上記の金額に8,500円加算されます。

3．寡婦年金・死亡一時金の請求方法

請求先	・亡くなった方の最後の住所地の市区町村役場窓口または年金事務所等
提出書類	・国民年金寡婦年金裁定請求書（寡婦年金請求の場合） ・死亡一時金裁定請求書（死亡一時金請求の場合）
添付書類等	・亡くなった方と請求者の年金手帳 ・戸籍謄本（死亡後のもので提出日前6ヶ月以内に交付されたもの） ・世帯全員の住民票の写し

	・個人の住民票の除票（上記住民票に含まれている場合は不要） ・請求者の生計維持確認のため所得証明書・課税（非課税）証明書、源泉徴収票等 ・印鑑（認め印）等 ・受取先金融機関の通帳コピーなど（請求書に金融機関の証明を受けた場合は不要） ＊市区町村や請求者によって必要な書類が異なることがあります。
請求できる人	寡婦年金：亡くなった方の妻
	死亡一時金：亡くなった方と生計を同じくしていた遺族（優先順位の高い人）

＊添付書類等については、事前に「ねんきんダイヤル」などへお問い合わせください。

8．死亡届と未支給年金請求

　故人が年金を受給していた場合、年金の受給を停止する届（年金受給権者死亡届）の提出が必要です。また、その時まだ受け取っていない年金は、未支給年金として受給資格のある遺族に支払われます。

1．未支給年金を受け取れる遺族

　年金を受けていた方が亡くなった当時、その方と生計を同じくしていた①配偶者、②子、③父母、④孫、⑤祖父母、⑥兄弟姉妹、⑦その他①～⑥以外の三親等内の遺族で、受

け取れる順位もこのとおりです。

2．未支給年金請求書（次頁）・死亡届の提出方法

「年金受給権者死亡届」と「未支給年金請求書」は複写になっており、同時に提出できます。手続きが遅れた場合、死亡した翌月以降の年金を受け取ってしまうと、過払い分の返還を求められるので、手続きは早めに行いましょう。

また、未支給年金の受給権者がいない場合は、「年金受給者死亡届（報告書）」のみ提出します。

申請書類	添 付 書 類
年金受給権者死亡届（報告書）（正）（副）	・故人の年金証書 ・死亡の事実を明らかにできる書類（戸籍抄本・死亡診断書（死体検案書）のコピーなど
未支給【年金・保険給付】請求書（正）（副）	・故人の年金証書 ・故人と請求者の身分関係がわかる書類（戸籍謄本等） ・故人と請求者が生計を同じくしていたことがわかる書類（住民票の写し〈コピー不可〉等） ・受取を希望する金融機関の通帳コピー ・故人と請求者が別世帯の場合は「生計同一についての申立書」等

以上、年金の概要についてまとめましたが、年金制度は、細かい条件がたくさんあります。

支給条件や金額、添付書類等詳細な点や不明な点については、お近くの年金事務所、年金相談センターまたはねんきんダイヤルでご確認ください。（ねんきんダイヤル 0570-05-1165）

記入例　未支給【年金

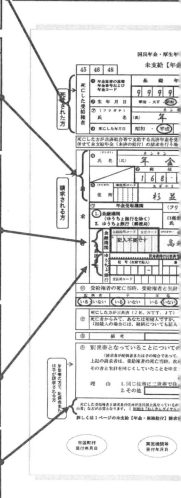

亡くなった方について記入してください

- ❶欄　基礎年金番号、年金コード
- ☆亡くなった方が、複数の年金を受けていた場合はすべての年金コードを記入してください。
- ☆基礎年金番号は年金証書、年金手帳などに記載されています。

請求される方について記入してください

- ❹欄　氏名およびフリガナ
- ❺欄　亡くなった方からみた続柄(妻・子・孫など)を記入してください。
- ☆氏名、住所(都道府県は不要です)は必ずフリガナを記入してください。
- ☆ご本人が記入する場合は、押印不要です。
- ☆押印される場合は、2枚目の死亡届にも押印してください。

受取機関が銀行等(ゆうちょ銀行以外)の場合

「1」に〇をつけ口座名義人氏名を記入してください。
- ☆金融機関名を記入し、銀行・金庫・信組・農協・信連・信漁連・漁連のいずれかに〇をつけてください。
- ☆支店名を記入し、本店・支店・出張所・本所・支所のいずれかに〇をつけてください。
- ☆口座番号を記入してください。
- ☆貯蓄預金口座では年金の受け取りができません。また、インターネット銀行は年金の受け取りができない銀行もありますのでご注意ください。

受取機関がゆうちょ銀行(郵便局)の場合

「2」に〇をつけ口座名義人氏名を記入してください。
- ☆記号は左詰めで記入してください。
- ☆番号は右詰めで記入してください。
- ☆貯蓄貯金口座では年金の受け取りができません。

ゆうちょ銀行の場合の記入例

貯金通帳の口座番号		
記号(左詰めで記入してください)		番号(右詰めで記入してください)
1 9 9 9 0	-	3 2 1 4 5 6 1

死亡した受給権者と請求者の住所が住民票上異なっているが、生計を同じくしていた場合は「別居していることについての理由書」などが必要となります。(用紙は「ねんきんダイヤル」またはお近くの年金事務所などに問い合わせしてください)

【険給付】請求書

共済組合等で支給する共済年金を受けている方で、厚生年金の未支給請求を行う場合、✔ を行うと、共済年金の未支給請求も併せて行えます。

平日の日中に連絡がとれる番号を記入してください（携帯番号など）。

受取を希望する金融機関または
ゆうちょ銀行(郵便局)の証明を受けてください

☆次の①②の場合は、金融機関またはゆうちょ銀行(郵便局)の証明は必要ありません。
① 年金事務所等の窓口へ直接預金通帳(貯金通帳)を持参する場合
② 預金通帳(貯金通帳)の写し、その他の預金口座を明らかにすることのできる書類を添付する場合
➤ 預金通帳(貯金通帳)、キャッシュカードおよび金融機関が発行する書類のコピー等（※）
（※）コピー添付の際には、
金融機関の場合には、金融機関名、支店名(支店コード)
口座番号、口座名義人フリガナ等の記載部分が必要です。
ゆうちょ銀行(郵便局)の場合は、貯金通帳の記号番号、
口座名義人フリガナ等の記載された部分が必要です。
➤ インターネット専業銀行等の場合には、インターネットからプリントアウトしたもの等

亡くなった当時の状況を記入してください

亡くなった当時、生計を同じくしていた方(配偶者・子・父母・孫・祖父母・兄弟姉妹・その他3親等内の親族)の有無について、該当するほうに○をつけてください。

JR・JT・NTT・農林漁業団体職員の共済年金を
受けていた方が亡くなった場合に記入してください

☆ 相続人とは配偶者と子 孫・曾孫 父母 祖父母・曾祖父母 兄弟姉妹 甥・姪の方です。
☆ 「はい」に○をつけた場合、続柄を記入してください。

請求者が配偶者または子の場合であって、
住民票上世帯を別にしているが、住所が住民票上同一で
あるときに記入してください

☆ 請求者氏名を記入し、別世帯となっていることについての該当の理由に○印をつけてください。2に○をつけた場合、別世帯となっていることについての理由を記入してください。

どうする？ 9. ひとり親になったら児童扶養手当の申請

　配偶者の死亡などにより、ひとり親となった子を養育する対象者に、地方自治体から児童扶養手当が支給されます。

　これまでは、公的年金＊を受給する方は児童扶養手当を受給できませんでしたが、平成26年12月1日から年金額が児童扶養手当額より低い方は、その差額分の児童扶養手当を受給できるように制度が改正になりました。

　児童扶養手当を受給するためには、お住まいの市区町村への申請が必要です。

＊公的年金：遺族年金、障害年金、老齢年金、労災年金、遺族補償など。

1．対象者

　日本国内に住所があり、18歳の誕生日の属する年度末までの子、または、20歳未満で障害（1・2級）のある子を監護している母、父、または父母に代わって子を養育している人。

2．平成26年12月1日の改正により新たに手当を受け取れる場合

　①お子さんを養育している祖父母等が低額の老齢年金を

受給している場合
②父子家庭で、お子さんが低額の遺族厚生年金のみを受給している場合
③母子家庭で、離婚後父が死亡し、お子さんが低額の遺族厚生年金のみを受給している場合
など。

3．児童扶養手当の所得制限

　児童扶養手当を受ける人の所得が一定額以上あるときは、手当の全部または一部が支給停止されます。

4．児童扶養手当の支給額（月額）と支給時期（平成28年8月より）

児童の数	全部支給の手当額	一部支給の手当額
1人	42,330円	所得に応じて42,320円〜9,990円の範囲
2人	児童1人の額に所得に応じて10,000円〜5,000円加算	
3人以上	3人目から児童1人増すごとに所得に応じて6,000円〜3,000円加算	

金額は、物価変動等の要因により見直しが行われ、改定されます。
手当の支払月は、毎年4、8、12月です。前月までの4カ月分が支給されます。

5．児童扶養手当の請求方法

提出先
- お住まいの市区町村役場の窓口

基本的に必要な提出書類
①請求者と対象児童の戸籍謄・抄本
②請求者と対象児童が含まれる世帯全員の住民票の写し（続柄・本籍が分かるもの）
③請求者、配偶者及び扶養義務者の前年（請求日が１月〜６月の場合は前々年）の所得証明書
④預貯金通帳（普通口座で請求者本人名義のものに限る）
⑤請求者の個人番号が確認できるもの
⑥請求者の身元が確認できるもの

＊必ず事前に必要書類を窓口にお問い合わせの上、手続きを進めてください。

6．以下のような場合、手当は支給されません

- 子が、児童福祉施設などに入所したり、里親に委託されたとき
- 父、母または養育者が婚姻したとき（事実上の婚姻関係を含む）

7．審査・認定・現況届

　受給者は、毎年８月に現況届を提出し、そこで審査・認定が行われます。２年間続けて現況届を提出しないと受給資格を失ってしまいます。

第5章
相続が「争族」にならないために

生きていたらこんなこと
させないのに……

どうする？ 1. 相続の進め方、まず遺言があるかどうか

1．相続の開始

相続は、原則として人の死亡により開始されます。相続人は、相続が開始した時から、亡くなった人が残したいっさいの権利と義務を引き継ぐことになります。この引き継ぎを相続というのです。

2．相続財産にはプラスとマイナスがある

相続財産にはプラスの財産とマイナスの財産があり、原則として相続によりその両方を引き継ぎます。

現金や預金、株、不動産、車などプラスの財産は、いったん相続人全員の共有となり、これを遺産分割という形で分けるという手順になります。

借入金や未払金、税や医療費等の未払いなどマイナスの財産は、原則として、相続人同士で分割する対象にはなりません。相続人同士で話し合って「誰が引き継ぐか」を決めることはできますが、

負債が多いなら、相続放棄

それは相続人同士の約束事で、債権者には対抗できません。

3．残された財産は誰が引き継ぐの？

　残した財産を引き継ぐことができる人は、民法で定められています。亡くなった人のことを「被相続人」、財産を引き継ぐことが出来る人のことを「相続人」と言います。
　誰でもが相続人となれるわけではなく、順序があります。ただし、相続を放棄した人や相続権を失った人は、はじめから相続人でなかったものとされます。

4．相続権を失う場合とは？

　法定相続人は民法により相続できる権利を有していますが、相続欠格と相続廃除により相続権を失う場合もあります。
（1）相続欠格
　　本来は相続人になるはずの人（推定相続人）でも、相続に関して不正な利益を得ようとして不正行為をした場合は、相続権を失います。
　　具体的には、
　　・相続のために人を殺したり、殺人未遂をしたために刑罰に処された人
　　・詐欺や脅迫によって遺言を書くことや、遺言の取り消し、変更することを妨げた人

- 遺言を偽造、変造、破棄、隠ぺいした人
- 被相続人が殺害されたことを知りながら、告発、告訴しなかった人

これらの人は相続権を失いますが、欠格によって相続権を失った人に子がいる場合は、その子が代襲して相続権を得ることになります。

（2）相続廃除

自分の死後に、遺産を相続させたくない遺留分を持つ推定相続人がいる場合に、相続権を剥奪する制度です。廃除は、相続人に虐待、もしくは重大な侮辱を加えたとき、その他著しい非行があったときに家庭裁判所に申し立てをし、家庭裁判所の調停や審判手続きにより認められます。

ただ、虐待や侮辱は客観的に見て相続権の廃除を正当とする程に重大であるものでなければなりません。

廃除は欠格と異なり、遺贈は受けられます。また、廃除された人に子供がいる場合は、その子が代襲して相続人となります。

5．相続人の順位

（1）常に相続人になれる人

配偶者（法律上婚姻届を出している正式な場合に限ります。どんなに長くいっしょに暮らしていても事実婚では相続人にはなれません）。

（2）配偶者とともに相続人になれる人
　①　第1順位
　　子（子が先に亡くなっている場合や相続権を失っている場合は孫、孫が先に亡くなっている場合や相続権を失っている場合は曾孫に相続する権利が引き継がれます。これを「代襲」といいます）。
　②　第2順位
　　被相続人に子や孫がいない場合には、被相続人の父母（父母が先に亡くなっている場合や相続権を失っている場合は、祖父母）。
　③　第3順位
　　被相続人に子も孫も父母や祖父母もいない場合は兄弟姉妹。兄弟姉妹が先に亡くなっている場合や相続権を失っている場合には甥、姪まで。甥姪の子が代襲して相続人になることはできません。

6．どうやって財産を分けるの？

　被相続人が遺言を残していたかどうかによっても、分け方が変わります。
（1）遺言を残していた場合
　被相続人の遺志を尊重し、原則として遺言の内容通りに分割します。ただ、共同相続人全員の同意があれば、遺言によらず遺産分割協議書によって財産を分割することも可能です。

（2）遺言がなかった場合

共同相続人同士で話し合い、分割することになります。必ず法定相続割合で分けなければならないという規定はありません。

この話し合いのことを遺産分割協議といい、話し合いの内容を文書にしたものを遺産分割協議書と言います。具体的な分割方法として、①現物分割　②代償分割　③換価分割　④共有分割という方法があります。

① 現物分割

相続財産を現物のまま相続人ごとに分ける方法で、一般的な方法です。例えば「この土地は長男が相続する」、「この預金は長女が相続する」というように分割する方法です。

② 代償分割

相続人の一人が相続財産を取得した代償として、他の相続人に金銭その他の財産を与える分割方法を言います。例えば長男が土地を相続し、他の相続人にはその代償として、長男が金銭を支払うという方法です。

③ 換価分割

相続財産を売却してお金に換え、そのお金を相続人で分ける分割方法を言います。例えば相続人の誰もが希望しない土地がある場合は、その土地を売却し、譲渡代金を相続人間で分ける形をとります。ただ売却し

＜相続手続きの進め方＞

死後7日以内に 死亡届を提出する → 相続が始まる

遺言書があるか、ないか

```
遺言書がある                              遺言書がない
   ↓
自筆遺言書  秘密証書遺言   公正証書遺言
   ↓           ↓
家庭裁判所の検認
   ↓
遺言書に従って遺産分割手続き
```

遺留分に侵害があるか、ないか

遺留分に侵害がない	遺留分に侵害がある
遺言書どおりに確定	遺留分減殺請求
	（請求しない場合は遺言書通りに確定）

→ 相続人の確定

死後3ヶ月以内に 相続の承認・放棄・限定承認の手続き

死後4ヶ月以内に 故人の準確定申告
　　　　　　　　　　　　↓
　　　　　　　　　　遺産分割協議

| 遺産分割協議書の作成 | 協議不成立の場合は 調停・審判 |

死後10ヶ月以内に 相続税の申告・納付

たことにより利益が出た場合は、相続人全員に譲渡所得が発生しますので、譲渡した翌年に譲渡所得の確定申告と所得税の納税が必要となります。
④　共有分割
　一つの相続財産を、複数の相続人が共有して所有する分割方法を言います。例えばある土地を、長男が3分の2、長女が3分の1というように、持ち分の割合で共有する方法です。

どうする？ 2. 相続税って払うの？　申告が必要なの？

1．相続税って払うの？　申告は必要なの？

　平成27年より相続税法が改正され、基礎控除の金額が少なくなりました。
　相続税は被相続人の遺産の総額から遺産に係る基礎控除額を控除して課税遺産総額を求め、これを基に相続税額を計算します。
　したがって遺産の総額が基礎控除額以下であれば相続税は課税されませんので、申告は不要です。
　ただし、相続税法には小規模宅地等の特例をはじめとして、さまざまな課税価格の特例があり、これらの特例を適

用した結果、遺産の総額が基礎控除額以下となる場合には相続税の申告書の提出は不要です。

2．遺産の総額ってどのように計算するの？

遺産の総額＝（取得した財産の価格の合計額＋相続時精算課税を適用した財産の価格－葬式・債務費用の金額）＋相続開始前3年以内の贈与財産の価格

3．基礎控除額っていくら？

3,000万円＋（600万円×法定相続人の数）＝基礎控除額
（注）平成26年12月31日以前に相続または遺贈により取得した財産に係る相続税の基礎控除額は「5,000万円＋1,000万円×法定相続人の数」でした。

4．申告書はいつまでに出すの？

相続税の申告書の提出期限は、相続の開始があったことを知った日の翌日から10ヶ月以内です。申告期限の日が日曜日・祝日などの休日や土曜日に当たるときは、これらの日の翌日が申告期限となります。

5．どこに提出するの？

相続税の申告書は、被相続人の死亡のときにおける住所

地を所轄する税務署に提出します。相続人の住所地を所轄する税務署ではありません。

また、相続税の申告書は、被相続人から相続、遺贈や相続時精算課税に係る贈与によって財産を取得した人が、共同で作成して提出するのが原則ですが、相続人間で連絡が取れない等の理由で、申告書を共同で作成して提出することができない場合には、別々に申告書を提出することも可能です。

6．相続税を払う場合はいつまでに払わないといけないの？

相続税の納付は、原則として法定納期限までに金銭で行わなければなりません。

法定納期限とは、相続の開始があったことを知った日の翌日から10ヶ月目の日を言います。納付が遅れた場合は、法定納期限の翌日から納付の日までの間の延滞税がかかります。

7．相続税を法定納期限までに払えない場合は？

一定の要件を満たしている場合には、相続税を年賦により分割して納付する「延納」という制度と、相続財産で納付する「物納」という制度があります。

どちらも相続税の申告期限までに手続きをとる必要があります。

3．遺留分と遺留分減殺請求

どうする？

相続の手続きを開始するにあたり、もう一度次の項目をチェックしましょう。
① 遺言書があるかどうか
② 遺言書には種類があり、その法的な効力の範囲があります
③ 有効な遺言書は法定相続より優先されること
④ 相続財産の調査が必要なこと
⑤ 故人の一生分の戸籍をさかのぼって取得しなければならないこと（郵送で取得できます）
などです。

また、遺言書の種類、書き方等については別頁で説明します。

ここでは遺言の内容について、相続人が納得できない場合の処理について説明します。

（1）遺留分とは

遺留分とは法定相続人に認められた取り分のことを言います。

一定の要件を満たした適正な遺言書を作成すれば、法定相続分と異なる相続分を指定したり、特定の財産を特定の

人に相続させたり、相続人以外の人に遺贈することも可能です。

この場合、遺言書の内容によっては、相続人の中には法定相続分よりも少ない財産しかもらえないという人も出てくる可能性もあります。

そこで、民法では、被相続人の財産処分の自由と相続人の保護との調和のため、法定相続人に対し、遺言によっても侵すことが出来ない相続財産の最低の取り分を規定しています。これを「遺留分」といいます。

（2）遺留分を持つ法定相続人

遺留分を持つ法定相続人は、兄弟姉妹を除く法定相続人（配偶者・子・直系尊属）だけです。

（3）法定相続分と遺留分

法定相続分と遺留分は次のとおりです。

法定相続分

順位	相続人	配偶者	配偶者以外
1	配偶者と子	1／2	1／2
	子のみ		全額
2	配偶者と直系尊属	2／3	1／3
	直系尊属のみ		全額
3	配偶者と兄弟姉妹	3／4	1／4
	兄弟姉妹のみ		全額
その他	配偶者のみ	全額	

遺留分

順位	相続人	配偶者	配偶者以外
1	配偶者と子	1／4	1／4
	子のみ		1／2
2	配偶者と直系尊属	1／3	1／6
	直系尊属のみ		1／3
3	配偶者と兄弟姉妹	1／2	なし
	兄弟姉妹のみ		なし
その他	配偶者のみ	1／2	

（4）遺留分が侵害されたら

　自分の遺留分が侵害された相続人は、遺留分を侵害している人に対し、遺留分に当たる部分を渡すように請求して取り戻す権利を有します。これを「遺留分減殺請求権」といいます。

　一般的には内容証明郵便によって請求しますが、相手が遺留分減殺請求に応じない場合は、家庭裁判所に調停の申し立てをすることができます。

　ただ、遺留分減殺請求が出来る期間は、遺留分が侵害されていることを知った時から1年以内、または相続が開始されてから10年以内に、この権利を行使しなければ時効となりますので注意が必要です。

遺留分減殺請求は1年以内に

（5）遺留分減殺請求に対して合意があった場合

　遺留分減殺請求権を行使した場合、遺留分の減殺について法的な効力が生じ、当事者間で協議や調整が必要となります。協議や調整がまとまった場合はその内容を必ず書面に残しておくべきです。

　一般的には「和解書」や「合意書」等の形式で残すことになります。また、これらの書面は、公証役場で公正証書にしてもらうほうがいいでしょう。

どうする？ 4．故人の所得税の申告が必要な場合

1．準確定申告をします

① 準確定申告とは

　　年の中途で人が死亡した場合は、相続人や包括受遺者が、死亡した年の1月1日から死亡した日までに確定した故人の所得金額と税額を計算し、相続の開始があったことを知った日の翌日から起算して4ヶ月を経過した日の前日までに、申告と納税をする必要があります。

　　これを準確定申告といいます。

誰が？	死亡した人の相続人が提出します。（相続人が2人以上いる場合には各相続人が連署により提出）
どこに？	故人の死亡当時の納税地を所轄する税務署
添付書類は？	「死亡した者の所得税の確定申告書付表」が必要です。
個人番号	平成28年分以降の申告書には、相続人、包括受遺者の個人番号の記載と本人確認書類の提示または添付が必要です。 なお、故人の個人番号を記載する必要はありません。

② 準確定申告で所得税を納付しなければいけない場合

　準確定申告書を作成した結果、所得税を納付しなければいけない場合は、納める税金に各人の相続分を乗じて求めた金額を各人が納付します。

　この場合、100円未満の端数は切り捨てますので、各人の納付額を合計しても、準確定申告書に記載された所得税の金額とは異なります。

③ 準確定申告で、所得税が還付される場合

　準確定申告書の結果、所得税が還付される場合もあります。還付される場合は、委任状を出して特定の人に還付金を振り込んでもらうこともできます。

④ 申告不要の場合

　準確定申告書を作成した結果、課税される所得金額

⑤ 包括遺贈

　　遺言によって無償で財産を他人に残すことを遺贈と言います。そして遺贈によって財産を受ける者を受遺者と言います。

　　遺贈は、相続財産を特定しないで、その全部または一部を特定の者に贈与することができます。これを「包括遺贈」と言います。

2．川上家の例を用いて記載方法を説明します

川上家の家族構成
　世帯主　川上　浩　　昭和28年9月10日生
　　　　　　　　　　　平成27年6月30日死亡
　　　　　　　　　　　平成27年1月1日から死亡日までの給与収入 5,230,000円
　　　　　　　　　　　給与から控除された社会保険料 652,000円
　　　　　　　　　　　給与から控除された源泉所得税 98,500円
　　　　　　　　　　　平成27年中に支払った医療費の額 234,000円
　妻　　　川上　幸子　昭和31年1月13日生
　　　　　　　　　　　山下太郎の長女
　長女　　川上　孝子　平成3年6月25日生

次頁より3ページに準確定申告書例を掲載しておきます。

平成27年分の所得税及び復興特別所得税の確定申告書A

税務署長: ___年___月___日

住所: 神奈川県横浜市都筑区茅ヶ崎南9-25-3
平成28年1月1日の住所: （同上）

フリガナ: カワカミヒロシ
氏名: 被相続人 川上浩 (H27.6.30)
性別: 男
世帯主の氏名: 川上浩
世帯主との続柄: 本人
生年月日: 3 28.09.10

収入金額等（単位は円）

給与	⑦	5,230,000
雑 公的年金等	⑦	
雑 その他	⑨	
配当	⑩	
一時	⑪	

所得金額

給与	①	3,642,400
雑	②	
配当	③	
一時	④	
合計 (①+②+③+④)	⑤	3,642,400

所得から差し引かれる金額

社会保険料控除	⑥	652,000
小規模企業共済等掛金控除	⑦	
生命保険料控除	⑧	
地震保険料控除	⑨	
寡婦、寡夫控除	⑩	0,000
勤労学生、障害者控除	⑪	
配偶者(特別)控除	⑫-⑬	380,000
扶養控除	⑭	0,000
基礎控除	⑮	380,000
⑥から⑮までの計	⑯	1,412,000
雑損控除	⑰	
医療費控除	⑱	134,000
寄附金控除	⑲	
合計 (⑯+⑰+⑱+⑲)	⑳	1,546,000

税金の計算

課税される所得金額 (⑤-⑳)	㉑	2,096,000
上の㉑に対する税額	㉒	112,100
配当控除	㉓	
(特定増改築等)住宅借入金等特別控除	㉔	
政党等寄附金等特別控除		
住宅耐震改修特別控除・認定住宅新築等特別税額控除		
差引所得税額	㉜	112,100
災害減免額	㉝	
再差引所得税額(基準所得税額)	㉞	112,100
復興特別所得税額 (㉞×2.1%)	㉟	2,354
所得税及び復興特別所得税の額 (㉞+㉟)	㊱	114,454
外国税額控除	㊲	
所得税及び復興特別所得税の源泉徴収税額	㊳	98,500
所得税及び復興特別所得税の申告納税額 納める税金	㊴	15,900
還付される税金	㊵	

その他

配偶者の合計所得金額	㊶	
給与・一時所得の所得税及び復興特別所得税の源泉徴収税額	㊷	
未納付の所得税及び復興特別所得税の源泉徴収税額	㊸	
申告期限までに納付する金額	㊹	0,000
延納届出額	㊺	0,000

○ 収受事実を確認されたい方は、収受日付印を押なつしますので、申告書等提出時に請求してください（内容を証明するものではありません）。
※ 所得額の証明が必要な方は、納税証明書をご利用ください。
○ この申告書を提出される方は、住民税の申告書を提出する必要がありません。

平成 27 年分の 所得税及び復興特別所得税 の確定申告書A 準

住所: 神奈川県横浜市都筑区茅ヶ崎南9-25-3

フリガナ: カワカミヒロシ
氏名: 被相続人 川上浩

○ 所得の内訳（所得税及び復興特別所得税の源泉徴収税額）

所得の種類	種目・所得の生ずる場所又は給与などの支払者の氏名・名称	収入金額	所得税及び復興特別所得税の源泉徴収税額
給与	給料	5,230,000	98,500
	⑱ 所得税及び復興特別所得税の源泉徴収税額の合計額		98,500

○ 雑所得（公的年金等以外）・配当所得・一時所得に関する事項

所得の種類	種目・所得の生ずる場所	収入金額	必要経費等
		円	円

○ 住民税に関する事項

16歳未満の扶養親族	扶養親族の氏名	続柄	生年月日	別居の場合の住所
			平	
			平	
			平	

給与・公的年金等に係る所得以外（平成28年4月1日において65歳未満の方は給与所得以外）の所得に係る住民税の徴収方法の選択: ○ 給与から差し引き ○ 自分で納付

配当に関する住民税の特例:
非居住者の特例:
配当割額控除額:
寄附金税額控除 都道府県、市区町村分 / 住所地の共同募金会、日赤支部分 / 条例指定分 都道府県 / 市区町村
別居の控除対象配偶者・控除対象扶養親族の氏名・住所: 氏名 / 住所

○ 所得から差し引かれる金額に関する事項

⑥ 社会保険料控除	社会保険の種類	支払保険料	⑦ 小規模企業共済等掛金控除	掛金の種類	支払掛金
	源泉徴収票の通り	652,000 円			円
	合計	652,000		合計	

⑧ 生命保険料控除	新生命保険料の計	円	旧生命保険料の計	円
	新個人年金保険料の計		旧個人年金保険料の計	
	介護医療保険料の計			

| ⑨ 地震保険料控除 | 地震保険料の計 | 円 | 旧長期損害保険料の計 | 円 |

⑩ 本人該当事項	□ 寡婦（寡夫）控除 □ 死別 □ 生死不明 □ 離婚 □ 未帰還	□ 勤労学生控除 学校名（ ）

| ⑪ 障害者控除 | 氏名 | | |

⑫⑭ 配偶者	配偶者の氏名	生年月日	☑ 配偶者控除
	川上幸子	昭・平 31 . 1 . 13	□ 配偶者特別控除

⑬ 特別控除・扶養控除	控除対象扶養親族の氏名	続柄	生年月日	控除額
			明・大 昭・平 ・ ・	万円
			明・大 昭・平 ・ ・	
			明・大 昭・平 ・ ・	
⑭ 扶養控除額の合計				万円

⑰ 雑損控除	損害の原因	損害年月日	損害を受けた資産の種類など
	損害金額	保険金などで補填される金額	差引損失額のうち災害関連支出の金額
	円	円	円

| ⑱ 医療費控除 | 支払医療費 | 234,000 円 | 保険金などで補填される金額 | 円 |

| ⑲ 寄附金控除 | 寄附先の所在地・名称 | | 寄附金 | 円 |

○ 特例適用条文等

第二表 ○この用紙は控用です。

死亡した者の平成 27 年分の所得税及び復興特別所得税の確定申告書付表
(兼相続人の代表者指定届出書)

1	死亡した者の住所・氏名等			
	住所	神奈川県横浜市都筑区茅ヶ崎南9-25-3	氏名 フリガナ カワカミヒロシ 川上浩	死亡年月日 平成27年 6月30日
2	死亡した者の納める税金又は還付される税金 (所得税及び復興特別所得税の第3期分の税額)(還付される税金のときは頭に△印を付けてください。)			15,900 円 …A
3	相続人等の代表者の指定	(代表者を指定されるときは、右にその代表者の氏名を書いてください。)	相続人等の代表者の氏名	川上幸子
4	限定承認の有無	(相続人等が限定承認をしているときは、右の「限定承認」の文字を○で囲んでください。)		限 定 承 認

5 相続人等に関する事項					
	(1) 住所	神奈川県横浜市都筑区茅ヶ崎南9-25-30	神奈川県横浜市都筑区茅ヶ崎南9-25-30		
	(2) 氏名	フリガナ カワカミサチコ 川上幸子 ㊞	フリガナ カワカミタカコ 川上孝子 ㊞	フリガナ ㊞	フリガナ ㊞
	整理欄 (記入しないでください。)				
	(3) 職業及び被相続人との続柄	職業 無職 続柄 妻	職業 会社員 続柄 長女	職業 続柄	職業 続柄
	(4) 生年月日	明・大・㊐・平 31年 1月13日	明・大・昭・平 3年 6月25日	明・大・昭・平 年 月 日	明・大・昭・平 年 月 日
	(5) 電話番号	- - -	- - -	- - -	- - -
	(6) 相続分 …B	法定・指定 1/2	法定・指定 1/2	法定・指定	法定・指定
	(7) 相続財産の価額	円	円	円	円
6 納める税金等	各人の納付金額 A × B (Aが黒字のとき)(各人の100円未満の端数切捨て)	7,900 円	7,900 円	円	円
	各人の還付金額 (Aが赤字のとき)(各人の1円未満の端数切捨て)	円	円	円	円
7 還付される税金の受取場所	振込みを希望する場合 銀行等の預金口座に	銀行名等	銀行 金庫・組合 農協・漁協	銀行 金庫・組合 農協・漁協	銀行 金庫・組合 農協・漁協	銀行 金庫・組合 農協・漁協
		支店名等	本店・支店 出張所 本所・支所	本店・支店 出張所 本所・支所	本店・支店 出張所 本所・支所	本店・支店 出張所 本所・支所
		預金の種類	預金	預金	預金	預金
		口座番号				
	ゆうちょ銀行の口座に振込みを希望する場合	貯金口座の記号番号				
	郵便局等の窓口受取を希望する場合	郵便局名等				

(注) 「5 相続人等に関する事項」以降については、相続を放棄した人は記入の必要はありません。

(平成二十五年分以降用) ○この付表は、申告書と一緒に提出してください。

5. 相続手続きに必要な書類

1. 戸籍（現在戸籍・除籍・改製原戸籍）謄本

相続人を確定するために、お亡くなりになった方の出生から死亡までの戸籍等を、途切れることなく取得します。また、相続人と故人との関係がわかる戸籍謄本も必要です。

戸籍は、郵送で取得できます。以下を準備して、本籍地市区町村の戸籍係へ送付しましょう。

（1）申請書（便箋等に以下の項目を記入してください）
　① 必要な戸籍等の本籍地・故人の氏名・生年月日
　② 必要な証明書の種類（出生から死亡までの戸籍等全部）と通数
　③ 請求者の住所・氏名・日中連絡の取れる電話番号
　④ 請求者と証明書に記載の方との関係
　⑤ 使用目的（相続手続き）
（2）請求者の本人確認資料のコピー（運転免許証の写し等）
（3）返信用封筒（切手貼付済）
　・レターパックライトが便利
（4）郵便小為替
　・改製原戸籍等何通とれるのか分からないため、小為替は多めに入れるとよい

2．住民票（除票）の写し

亡くなった方の最後の住所地を確認し、住所変更の経緯を確認するために、住民票（除票）の写しを取得します。また、住民票の写しでは、住所変更の経緯が証明できない場合は、戸籍（除籍）の附票の写しが必要になる場合もあります。

3．印鑑証明書は最後に準備

遺産分割協議書や金融機関等の相続届出書へ、相続人の署名捺印とともに印鑑証明書の提出を求められます。

印鑑証明書の有効期限が3か月以内とされているものがほとんどですので、先に、印鑑証明書以外の書類を準備して、最後に印鑑証明書を取得するのがよいと思います。

4．原本還付してもらいましょう

故人の出生から死亡までの戸籍等を取得すると、かなりの通数になり、手間も費用（郵券・証紙代）もかかります。

基本的にどの機関でも相続手続きに関しては、戸籍等の提出を求められますので、原本還付（コピーを提出し原本は返却してもらうこと）していただくようにお願いしましょう（印鑑証明書は原本還付できない金融機関もあります）。

相続登記の際は、相続関係説明図を添付すると、戸籍等は、原本還付できます。

どうする？ 6.「争族」にならない工夫

1. できれば、生前に遺言等で争いが起きないようにしておく

せっかく仲良く過ごしていた兄弟姉妹が、また親族同士が、遺産相続のもつれから争いに巻き込まれ、果てには裁判沙汰になることなどをよく耳にします。なまじ遺産があるために、「相続」をめぐって「争族」になってしまった──。これでは、一生懸命働いて、遺族に遺産をのこして亡くなった故人も浮かばれません。

2. 遺族同士の話し合いが大事

できれば生前に、遺言をきちんと残して自分の意思を伝え、争いのもとを絶っておくことが一番ですが、それができなければ、遺族同士による話し合いが大切になってきます。故人は決して「遺族が＜争族＞になること」を望んでいないはずです。

その気持ちを大切に考えて、ルールに基づいた話し合い

をして、おたがいに禍根を残さないようにしたいですね。

どうする？ 7. 遺産相続の話し合い

　故人が何も言い残さないで死亡した場合に、相続人が二人以上いる時は相続人間での話し合いにより相続財産を各相続人に分けます。この話し合いを「遺産分割協議」といい、その内容を記録した書類を「遺産分割協議書」と言います。

　話し合いがスムースにいけば問題はありませんが、もめることが多いのもよくある話です。それを避けるためにも、お互い思いやりの工夫と努力をしてもらいたいものですね。

１．遺産分割協議のポイント

（１）全員参加

　　遺産分割協議には原則として相続人の全員が参加し分割の内容について同意する必要がありますが、相続人全員の同意があれば、必ずしも全員が一堂に集まって話し合いを行う必要はありません。同一内容の遺産分割協議書を相続人の数だけ作成し、郵送して署名押印し返却し

てもらうことも可能です。しかし一度は相続人全員が顔を合わせて、遺産分割の方法を協議した方がいいと思われます。

（2）相続人のみで話し合う

　遺産分割協議は相続人のみで行うのが原則です。相続人の配偶者などの相続人以外の人が参加すると、まとまる話もまとまらなくなる可能性が大いにあります。遺産分割協議を行う時は相続人だけで協議を行い、相続権のない配偶者などは協議に参加させないようにしましょう。

（3）分割協議が整った場合

　遺産分割協議が整った場合はその証として遺産分割協議書を作成します。

　① 　形式

　　　様式は基本的には自由です。パソコンで作成しても手書きでもかまいません。

　② 　作成期限

　　　相続税の申告書の提出が必要な場合、申告書の提出期限は相続の開始があったことを知った日の翌日から10ヶ月以内ですので、それまでには作成しておく必要があります。

　　　相続税の申告書が不要の場合は作成期限はありませんが、相続登記や凍結された銀行の預金の払い戻しに必要ですので、なるべく早めに作成しておいた方がいいでしょう。

2．遺産分割協議書と印鑑証明書

　遺産分割協議により、財産を単独または共有で引き継ぐ場合には、遺産分割協議書を作成します。

　遺産分割協議書では、誰が何をどのように引き継ぐのか明確に記載し、相続人全員が署名し、実印で押印します（印鑑証明書も併せて添付します）。

<遺産分割協議書の例>

最後の本籍		神奈川県横浜市中区幸町 2618 番地
最後の住所		神奈川県横浜市中区幸町 2618 番地
		被相続人（平成 27 年 3 月 30 日死亡）
		横 浜 夏 夫
本	籍	神奈川県横浜市中区幸町 2618 番地
住	所	神奈川県横浜市中区幸町 2618 番地
		相続人　横 浜 春 子
		（昭和 11 年 1 月 1 日生）
本	籍	神奈川県横浜市中区幸町 2618 番地
住	所	東京都世田谷区砧 105 番地
		相続人　横 浜 秋 行
		（昭和 30 年 5 月 30 日生）
本	籍	東京都大田区蒲田 9 丁目 9 番地

住　　所　東京都大田区蒲田9丁目9番地
　　　相続人　東 京 冬 美
　　　　　　（昭和33年3月20日生）

　上記共同相続人である横浜春子、横浜秋行、東京冬美は、相続財産について、次のとおり遺産分割の協議をした。
1．別紙目録記載1のすべての不動産は、相続人横浜春子が相続する。
2．別紙目録記載2の動産その他一切の財産は、相続人横浜春子が相続する。
　上記の協議を証するため、この遺産分割協議書3通を作成し、署名、捺印のうえ各1通を保有するものとする。

　　　　　　　　　　　平成28年5月30日

（住所）神奈川県横浜市中区幸町2618番地
　相続人　　横 浜 春 子　　㊞

（住所）東京都世田谷区砧105番地
　相続人　　横 浜 秋 行　　㊞

（住所）東京都大田区蒲田9丁目9番地
　相続人　　東 京 冬 美　　㊞

3．遺産分割協議がまとまらなかった場合

　相続人以外の配偶者等が横やりを入れて、まとまりかけた遺産分割協議がまとまらなかった場合や、もともと相続人同士の仲が悪かったりすると、遺産分割協議がまとまらないことがあります。この場合は家庭裁判所に調停の申し立てを行います。調停でも全員の合意が得られない時は自動的に遺産分割審判に移行します。

（1）遺産分割調停

　調停は家庭裁判所で行われますが裁判ではありません。調停は相続人の一人、または何人かが他の相続人全員を相手方として申し立てることが出来ます。

　調停では調停員が第三者の立場から各々の事情を聞き、解決のためのアドバイスをします。調停は裁判と異なり、裁判官から一方的に結論を言い渡されることはありません。妥当と思われる調停案を提示し、その案に相続人全員が納得すれば調停が成立します。

（2）遺産分割審判

　調停で相続人全員の合意が得られない時は、遺産分割審判に移行します。遺産分割審判は審判官が、遺産の種類、各相続人の年齢、職業、生活状況等を考慮したうえで遺産分割の内容を強制的に決定することを言います。この場合、各相続人はこの決定に従うことになりますが、この審判に不服がある場合は2週間以内に即時抗告をすることが出来ます。

（3）弁護士に依頼

　遺産分割調停でも遺産分割審判でも弁護士に依頼することは可能です。弁護士に依頼すれば対立する相続人と顔を合わせなくてすむ、第三者として客観的なアドバイスをもらえる等のメリットがありますが、それに見合う報酬を支払う必要があります。決して安くはありません。そして調停や審判の期間が長くなればなるほど弁護士報酬はかさみます。報酬を支払ってまで争う価値があるのかどうか、まず先に考えてみましょう。

　調停にしても審判にしても、出される結論は限りなく法定相続分に近いものがほとんどですので、相続人の全員が納得する分割案はまずないと言っても過言ではありません。どこかで全員が妥協しないと遺産分割は終わりません。妥協するのは相手だけではなく自分自身の妥協も必要です。

（4）遺産分割が相続税の申告期限までに終わらなかった場合

　相続税の申告書の提出期限までに遺産分割協議がまとまらなかったとしても申告と納付の期限は延期されません。その場合は相続財産を法定相続割合で各相続人が取得したものとみなして相続税額を計算します。この場合は、遺産の分割確定が要件となっている特例の適用が受けられず、未分割の申告書特有の添付書類や手続きがありますので注意が必要です。遺産分割協議が確定した時は、改めて相続税の修正申告書または更正の請求書を提

出し精算します。

4．相続に伴う名義変更のやり方

財　産	手続き内容	手続き先
預貯金	名義変更、解約	金融機関、郵便局
有価証券(株式・債券)	名義書換	証券会社、信託銀行等
生命保険	名義変更、保険金受取	生命保険会社
自動車	移転登録	管轄陸運局
ゴルフ会員権	名義変更	ゴルフ場等
電話加入権	加入権継承手続	ＮＴＴ営業所
死亡退職金	受取手続	故人の勤務先
不動産	所有権移転登記	管轄法務局

5－1．金融機関(ゆうちょ銀行以外の銀行)の名義変更

（1）電話で相続手続きについての問い合わせ

　その際、故人の氏名、生年月日、死亡年月日を答えます（この連絡後、口座が凍結されます）。

　口座振替等を行っている場合は、先に支払方法の変更手続きを行います。この際、必要書類等を確認します。

（2）残高証明・照会請求

　故人の通帳やキャッシュカード等手元にある資料以外にも口座が発見されることもあります。故人名義の預貯金が他にないのか、照会をかけましょう。この場合は、相続人代表者一人が請求すれば足ります。また、死亡日の残高証明書を取得しましょう。

（3）所定の相続届用紙の受領

　各金融機関により、所定の相続手続用紙が異なりますので、最寄りの支店窓口にて用紙を受領します。または、事務センターより郵送してもらいましょう。書き損じする可能性もあるので、各2通取得します。

（4）必要書類の準備

　各金融機関から求められた必要書類（戸籍謄本、印鑑証明書等）を準備し、相続届用紙に署名捺印します。

（5）必要書類の提出

　金融機関へ必要書類一式を提出します。戸籍謄本、印鑑証明書等は、原本還付してもらいましょう。提出先の支店は、全国どこの支店でも構わないとする金融機関が多いですが、故人の口座開設した支店にて手続きを行う必要のある金融機関もありますので、（1）の問い合わせの際に確認しておきましょう。

・手続きの際に必要なもの

　窓口に出向いた者の身分証明書（運転免許証）、故人の通帳、カード、貸金庫の鍵等

・遺言書がある場合

　遺言書、相続届（各金融機関独自の用紙）、相続関係を証明する戸籍謄本、遺贈される者の印鑑証明書等

・遺言書がない場合

　遺産分割協議書、相続届（各金融機関独自の用紙）、相続関係を証明する戸籍謄本、相続人全員の印鑑証明書等

相続人全員が署名捺印する書類は、あらかじめ取り寄せておきましょう。

　遺産分割協議書、各金融機関の相続届等の相続人が署名捺印しなければならない書類は、あらかじめ、すべてを集めておきましょう。まとめて署名捺印すれば、二度手間を省くことができます。

5－2．ゆうちょ銀行の場合

（1）相続確認表の取り寄せと提出

　お近くの郵便局の貯金窓口で相続確認表を受領し、必要事項を記入後、窓口に提出します。この際、手元の預金や投資信託等以外にも財産が発見できるかもしれませんので、預金照会も行います。（戸籍謄本等の提出はこの場では不要）

（2）相続に関する必要書類のご案内の受領と提出

　相続人の代表者となられた方へ「相続に関する必要書類のご案内」が郵送されます。本案内には、相続手続きに必要な書類が一覧になっています。記載されている戸籍謄本、印鑑証明書等を準備し、相続手続請求書へ代表相続人が署名捺印します。書類の準備が出来たら、（1）の相続確認表を提出した最寄りの郵便局の貯金窓口へ提出します。

（3）払戻証書または名義書換済みの通帳の受け取り

　現金による払い戻しを請求した場合は、払戻証書が簡

易書留郵便で送られてきます。払戻証書は、最寄りの郵便局の貯金窓口にて、払戻証書と引き換えに現金を受け取ります。通帳の名義書換を請求した場合は、名義書換済みの通帳が貯金事務センターから簡易書留郵便で送られてきます。また、通常貯金口座への振込を請求した場合、相続人代表者の通常貯金口座へ相続財産が振り込まれます。

・現金による払い戻しの場合の必要書類

　払戻証書、ご本人であることの確認のための身分証明（運転免許証）、印鑑

・相続手続きは、時間に余裕をもって……

　金融機関へ相続手続きに出向く場合、月末等を避けて、時間に余裕を持って出かけましょう。相続手続きは、時間がかかります。また、二度手間にならないように、あらかじめ必要書類等を電話で確認し、予約できるところは来店の予約を入れておくと便利です。

・代理人による相続手続き

　相続人が忙しくて手続きに出向けない場合や、体調が悪くて手続きできない場合もあります。その場合は、代理人が、相続手続きすることもできます。この場合、委任状が必要になりますので、あらかじめ委任状の様式等を確認しておきましょう。代理人による手続きの場合、委任状の様式や必要書類は、各金融機関によって異なります。

5-3. 有価証券（株式・債権等）の相続手続き

　有価証券を保有されてお亡くなりになる方もいらっしゃいます。有価証券も基本的には銀行等と手続きの流れは同じです。

（1）証券会社への連絡

　　電話で相続手続きについて、問い合わせをしましょう。この際、故人の氏名、生年月日、死亡年月日を答えます。取引状況につきましては、証券会社からの郵便物や預金通帳の履歴等でわかります。相続手続きに、必要な書類等を確認します。

（2）残高証明・照会請求

　　故人名義の残高照会をかけましょう。この場合は、相続人代表者一人が請求すれば足ります。また、死亡日の保有株式の残高証明書を取得しましょう。

（3）所定の相続届用紙の受領

　　証券会社により、所定の相続手続用紙が異なりますので、最寄りの支店窓口にて用紙を受領します。または、事務センターより郵送してもらいましょう。書き損じする可能性もあるので、各2通取得します。

（4）必要書類の準備

　　証券会社から求められた必要書類（戸籍謄本、印鑑証明書等）を準備し、相続届用紙に署名捺印します。

（5）必要書類の提出

　　証券会社へ必要書類一式を提出します。戸籍謄本、印

鑑証明書等は、原本還付してもらいましょう。提出先の支店は、全国どこの支店でも構わないとする証券会社が多いですが、故人の口座開設した支店にて手続きを行う必要のある証券会社もありますので、（1）の問い合わせの際に確認しておきましょう。

（6）相続人名義の口座を開設・準備しましょう

　故人が保有していた株式等を売却する予定であっても、いったん、相続人名義の口座へ株式を移転する必要があります。その証券会社の口座を持っている場合は、その口座に株式を移転します。

（7）名義変更

　必要な書類を提出し、名義変更手続きを完了させます。売却を希望する場合は、名義変更手続き後に売却します。

・相続手続きに必要な書類
　窓口に出向いた者の身分証明書（運転免許証）、故人のお客様番号等

・遺言書がある場合
　遺言書、相続届（証券会社独自の用紙）、相続関係を証明する戸籍謄本、遺贈される者の印鑑証明書等

・遺言書がない場合
　遺産分割協議書、相続届（証券会社独自の用紙）、相続関係を証明する戸籍謄本、相続人全員の印鑑証明書等

・相続人全員が署名捺印する書類は、あらかじめ取り寄せておく

遺産分割協議書、各金融機関の相続届等の相続人が署名捺印しなければならない書類は、あらかじめ、すべてを集めておきましょう。まとめて、署名捺印すれば、二度手間を省くことができます。

- 証券会社を通していない（箪笥から株券が見つかった等）場合

  箪笥から株券が見つかった場合等、証券会社を通していない場合は、会社名を確認し、有価証券を発行している会社へ手続き方法等について問い合わせの連絡を入れましょう。

- 自社株を保有していた場合

  故人が自ら会社を経営していた場合等は、会社関係者へ連絡を入れましょう。法人の今後の経営等事業継承や精算等について、法律面、税務面で専門的な知識が求められますので、早めに専門家へ相談しましょう。

6．生命保険の保険金を受け取るとき

　死亡生命保険など、死亡に伴い保険金を請求する手続きもあります。受取人が指定されている場合は、受取人が死亡保険金の受取手続きを行うことができます（他の相続人の承認は不要）。死亡保険金については、税務上の取扱いに注意が必要です。

（1）生命保険会社へ連絡

　被保険者が死亡した旨を保険会社へ連絡します（生命

保険を契約していたか否かは、保険会社からの郵便物や預金通帳の履歴でわかります)。

(2) 契約内容の開示・照会請求

　保険契約の内容について、問い合わせをします。誰が保険金の受取人になっているのか、また、受取人が指定されていない場合は、どのように手続きするのか必要書類等も併せて確認します。

(3) 保険金の受け取り

　必要な書類を提出後、保険金を受け取ります。

　保険金の受取人が先に死亡した場合、約款や遺言の記載にもよりますが、過去の判例によると、死亡した受取人の相続人が、受取人としての権利を引き継ぐのが一般的です。

　例えば、被保険者が父親、受取人が長女だった場合、受取人である長女が死亡すると、相続人である長女の夫や子供が受取人となります。ただし、これは受取人の変更を行わなかった場合です。

　保険金の受取人は、被保険者・契約者の親族であれば、原則的に契約者が自由に変更することができます。また、遺言で受取人を指定することもできます。

7．自動車の相続手続き

自動車の相続

　自動車の所有者が死亡した場合は、自動車は相続人全員の共有財産となります。相続人全員が所有者となりますの

で、各種手続きに必要な書類のほか、被相続人については旧所有者として以下の書類が必要です。相続人の名義変更は、ナンバープレートを交付している陸運局（運輸支局又は自動車検査登録事務所）へ、移転登録申請します。

　なお、自動車の所有者名義については、自動車検査証の「所有者欄」をご確認ください（第三者が所有者である場合は、相続は発生しません）。

必要書類
- 自動車検査証
- 「戸籍謄本」または「戸籍の全部事項証明書」
　※死亡の事実および相続人全員が確認できるもの。
- 次のいずれか
　① 相続人全員（新所有者となる相続人を含む）が手続きを行う場合
　　ア．相続人全員（新所有者となる相続人を含む）の印鑑証明書（発行後３か月以内）
　　イ．相続人全員（新所有者となる相続人を含む）の実印（本人が来られる場合）
　　　※または委任状（本人が来られない場合、実印を押印したもの）
　　ウ．新所有者以外の相続人全員の譲渡証明書（実印を押印したもの）
　② 遺産分割協議により代表相続人（新所有者となる相続人）が手続きを行う場合
　　ア．遺産分割協議書

イ．代表相続人（新所有者となる相続人）の印鑑証明書（発行後３ケ月以内）
　　　ウ．代表相続人（新所有者となる相続人）の実印（本人が来られる場合）
　　　　※または委任状（本人が来られない場合、実印を押印したもの）
・車庫証明書（証明後おおむね１か月以内のもの）
　※被相続人と新所有者となる相続人が同居家族の場合は不要となる場合もあります。
・手数料　500円（ナンバー変更なしの場合）

自転車、原付バイク、小型二輪、小型特殊自動車（農業用トラクター等）の相続

　自転車、原付バイク、小型二輪、小型特殊自動車（農業用トラクター等）なども相続の対象となりますので、忘れずに、遺産分割協議書の財産目録へ記載しましょう。自転車は、防犯登録を相続人があらためて行います。

　原付バイク、小型特殊自動車については、市区町村役場で廃車手続きを行い、その後相続人名義での登録手続きを行います。小型二輪は、管轄の陸運局にて、まず廃車手続きを行います。

8．不動産の相続手続き

　不動産を所有していた方が死亡したときは相続手続きが

必要です。売却換価する場合でも、いったん、相続人の名義変更手続を行います。名義変更手続きは、管轄の法務局へ登記申請書と必要書類を提出します。

（1）不動産の相続方法を決める

　遺産不動産を相続人の誰が相続するのか、相続人全員で協議して決める遺産分割協議書を作成します。別途遺言書がある場合は、遺言に従います。

（2）管轄法務局に所有権移転登記申請書を必要書類とともに提出

　必要書類は、遺産分割協議書（または遺言書）、印鑑証明書、戸籍謄本等、住民票の写し、固定資産税評価証明書、相続関係説明図等です。登記申請を専門家に任せたい場合は、司法書士に依頼しましょう。

（3）登記識別情報の受領

　登記が完了すると、所有者へ登記識別情報（昔の権利証）が発行されます。シールははがさないようにしましょう。

提出先	不動産所在地の管轄の法務局
届出できる人	相続人等
必要なもの	印鑑、戸籍謄本等、住民票の写し、遺産分割協議書（または遺言書）、相続関係説明図等
費用	課税価格の4／1000

第6章

遺言と成年後見・任意後見

有効な遺言は3種類
あります

身内の方が亡くなったあとの一番の問題はやはり前章の相続ですが、この場合、遺言が大きなポイントになります。この章では、この遺言についてさらに後見についても、ちょっとくわしく見てみます。生前にやっておくのが一番賢明ではないでしょうか。

どうする？ 1. 相続人の中に未成年者や認知症の方がいるとき

1．未成年者の場合

　相続人の中に未成年者がいる場合は、親権者（父または母）や未成年後見人が代理人となって遺産分割協議に参加します。親権者である父または母が、その子との間でお互いに利益が相反する行為（これを「利益相反行為」といいます）をする場合には、子のために特別代理人を選任することを家庭裁判所に請求しなければなりません。

　利益相反行為とは、例えば、父が死亡した場合に、共同相続人である母親と未成年の子が行う遺産分割協議で、母親と未成年者とその法定代理人の間で、利害関係が衝突する行為のことです。

　このような場合は、選任された特別代理人が、未成年者に代わり、遺産分割協議に参加します。

2. 認知症や精神障害等、判断能力を欠く者の場合

　相続人の中に認知症等で判断能力を欠く者がいる場合は、その者について成年後見人の選任の申立てを家庭裁判所に行います。この場合は、成年後見人が代理人となって遺産分割協議に参加します。

　その成年後見人が、相続人であり、判断能力を欠く者との間でお互いに利益相反する場合には、未成年者と同様、特別代理人を選任することを家庭裁判所に請求しなければなりません。

　選任された特別代理人が、判断能力を欠く者に代わり、遺産分割協議に参加します。

3. 行方不明の者がいる場合

　相続人の中に行方不明の者がいる場合には、不在者自身や不在者の財産について利害関係を有する第三者の利益を保護するために、不在者財産管理人選任の申立てを家庭裁判所に行います。

　このようにして選任された不在者財産管理人は、不在者の財産を管理、保存するほか、家庭裁判所の権限外行為許可を得た上で、不在者に代わって、遺産分割、不動産の売却等を行うことができます。

2. 成年後見制度を利用する

　成年後見制度とは、認知症、知的障がい、精神障がいなどの理由で判断能力の不十分な方々が、不利益を被らないように保護するために、家庭裁判所へ申立て、成年後見人等をつける制度です。成年後見人等は、ご本人に代わり、介護サービスの契約を結んだり、遺産分割協議に参加したり、預貯金や不動産を管理します。

　成年後見人等は、後見等監督人や家庭裁判所に監督され、上記の業務を行います。

　家庭裁判所への申立ては、本人、配偶者、四親等内の親族、市区町村長等ができます。

　申立書の後見人等候補者欄へ、親族等を記載して申立てることもできますが、選任については、すべての事情を考慮し、家庭裁判所が決定しますので、弁護士、司法書士、行政書士等の第三者が選任されることもあります。

　成年後見人等の任期は、ご本人の回復または死亡までとなっています。申立当初の目的である遺産分割協議や居住用不動産の処分が終了しても、正当な事由がない限り安易に辞任することはできません。

　正当な事由で、成年後見人等が辞任した場合は、家庭裁判所は新たな成年後見人を選任します。

成年後見制度には、判断能力の程度に応じて、後見、保佐、補助の３類型に分かれています。

　成年後見人等は、本人の意思を尊重し、本人の利益を常に考え、契約等の法律行為を行い、身上を配慮し、本人を保護・支援します。

どうする？ 3．遺言について

　遺言には次のようにいろいろな種類があります。

1．自筆証書遺言

　自筆によって遺言を作成するには、次の要件を備えなければなりません。
（1）遺言者が、遺言の全文を自書すること
（2）遺言者が、日付を自書すること
（3）遺言者が、氏名を自書すること
（4）遺言者が、遺言書に押印すること
　自筆証書遺言は、その遺言書を発見した者が、必ず、家庭裁判所にこれを持参し、その遺言書を検認するための検認手続きを経なければなりません。
　さらに、自筆証書遺言は、これを発見

自筆遺言書の場合
すべて手書き

した者が、破棄したり、隠したり、内容を改ざんしてしまう危険もあります。また、自筆証書遺言は全文自書しないといけないので当然のことながら、病気等で手が不自由になり字が書けなくなった方は、利用することができません。

2．秘密証書遺言

　遺言者本人が作成し、封印、公証人と証人2名に、その封書が自分の遺言書であることを申述して、封筒に公証役場の署名押印のあるもの。
　誰にも内容を知られずに作成することができますが、自筆証書遺言と同様に家庭裁判所の検認手続きが必要です。

3．公正証書遺言

　上記のような自筆証書遺言・秘密証書遺言の持つさまざまなデメリットを補う遺言の方式として、公正証書遺言があります。
　公正証書遺言を作成する場合は、以下の書類が必要です。
　　① 遺言者本人の印鑑登録証明書
　　② 遺言者と相続人との続柄が分かる戸籍謄本
　　③ 財産を相続人以外のに遺贈する場合には、その人の住民票（法人の場合は、登記事項証明書）
　　④ 財産の中に不動産がある場合には、その登記事項証明書（登記簿謄本）や、固定資産評価証明書

または固定資産税・都市計画税納税通知書中の課税明細書

⑤ なお、公正証書遺言する場合には、公証人のほかに証人2人の立会いが必要です。

4．亡くなった人について、公正証書遺言が作成されているか調査できますか？

昭和64年1月1日（東京都内は昭和56年1月1日）以降に作成された公正証書遺言については、日本公証人連合会においてコンピューターで管理していますから、すぐに調べることができます。

なお、秘密保持のため、相続人等の利害関係者のみが公証役場を通じて照会を依頼することができることになっています。

照会を依頼する場合は、死亡の事実の記載があり、かつ、亡くなった方との利害関係を証明できる記載のある戸籍謄本と、ご自身の身分を証明するもの（運転免許証等）が必要となります。

5．遺言を作成できるのは、何歳からですか？

満15歳に達した者は、遺言することができます。したがって、未成年者であっても満15歳に達すれば、遺言することができます。

6．成年被後見人は遺言できますか？

　成年被後見人であっても、本心に復しているときは、遺言をすることができますが、心神喪失の状況になかったことを証明する医師2人以上の立会いが必要となります。
　また、医師の他に遺言の証人2人も必要です。
　行為能力を制限されている者（成年被後見人・被保佐人・被補助人）であっても、行為能力の規定は、遺言には適用されないので、後見人・保佐人・補助人の同意を必要とせず、同意がなかったことを理由に遺言を取り消すことはできません。

7．危急時遺言とは、どのようなものですか？

　危急時遺言とは、死期が迫り署名押印できない遺言者が口頭で遺言をし、証人がそれを書面にする遺言の方式です。病気などで死に直面した人に認められる「一般危急時遺言」と、船舶の遭難である場合に認められる「船舶遭難者遺言」が法律で定められています。

一般危急時遺言

（1）作成の要件
　① 証人3人以上の立会いをもって、その1人に遺言の趣旨を口授する。
　② 口授（口がきけない人の場合は通訳人の通訳）を受

けた証人がそれを筆記します。
③ 口授を受けた証人が、筆記して内容を遺言者及び他の証人に読み聞かせ、または閲覧します。
④ 各証人が筆記の正確なことを承認した後、遺言書に署名し印を押します。

（2）家庭裁判所による確認

　遺言の日から20日以内に、証人の1人または利害関係人から家庭裁判所に請求して、遺言の確認を得なければなりません。

　家庭裁判所は、遺言が遺言者の真意から出たものであるとの心証を得なければ、これを確認することができません。

（3）一般危急時遺言の失効

　遺言者が普通方式によって遺言をすることができるようになった時から6ヶ月間生存するときは、無効となります。（民法983条）

船舶遭難者遺言（難船危急時遺言とも言われます。）

　船舶の遭難という緊急事態を想定して定められた遺言形式です。

（1）作成の要件

① 証人2人以上の前で、口頭（口がきけない人の場合は通訳人の通訳）で遺言をします。
② 証人が遺言の趣旨を筆記して、署名し印を押します。なお、遭難が止んだ後、証人が記憶に従って遺言の趣

旨を筆記し、これに署名・押印しても差し支えありません。
（2）家庭裁判所による確認
　証人の1人または利害関係人から遅滞なく家庭裁判所に請求して確認を得なければ、遺言は効力を生じません。（民法979条3項）
（3）船舶遭難者遺言の失効
　遺言者が普通方式によって遺言をすることができるようになった時から6ヶ月間生存するときは、無効となります。

どうする？ 4. 任意後見

　遺言書を書く際には、任意後見契約についても検討しましょう。
　任意後見制度はご本人の「生」を豊かにする制度です。
　任意後見制度は、ご本人が健常なうちに精神上の障がい等により判断能力が低下した場合に備えて、あらかじめ信頼できる人を任意後見受任者に指名し、受任者からどのような援助を受けたいのか自分の思うように決めて契約しておく制度です。
　また、死後事務委任契約も同時に契約すれば、葬儀埋葬等についても、自分の思うように決めることができます。

1. 任意後見契約発効前には、どんなことをやってもらえますか？

ご本人の判断能力が低下する前にご本人の食べ物の好み、アレルギーの有無、既往症を確認します。

ご本人がどのように生きたいのか、今後のライフプランのようなものを聞いておきます。自己決定権の尊重の理念に則った、支援・保護に努めます。

ご本人が、万が一の場合の葬儀や埋葬等の希望もあれば伺います。

また、財産面における後始末などご本人の考えを十分に把握するよう努めます。

2. 任意後見契約発効後には、どんなことをやってもらえますか？

ご本人から大切な証書や預貯金の通帳やカード、印鑑など責任をもってお預かりし、預り証をご本人に渡します。万が一の紛失や盗難からお守りします。

- 金融機関等に任意後見契約の効力が生じたこと、代理権が発生したことを伝えます。
- ご本人の財産目録や日々の入出金状況の報告書等を作成し、任意後見監督人が報告を求めてきた場合には、いつでも報告できるように日ごろからしっかり財産を管理します。
- 任意後見人は、ご本人が悪徳商法などに巻き込まれないように、日頃からしっかり見守ります。

- ご本人が病気で施設等を利用されるときの手配や利用の手続き、入院費、施設利用費等の支払いは任意後見人が責任を持って手続きします。
- 任意後見人は、その事務を行うにあたり、ご本人の意思を尊重し、心身の状態及び生活の状況に配慮する身上配慮義務があります。日頃からご本人との信頼関係を構築し、ヘルパーやケアマネ等の日常生活援助者から本人の生活状況について報告を求め、医師等医療関係者から本人の心身状況の説明を受けるなど、見守りを怠らないようにします。

3．死後事務委任契約では、どのようなことをやってもらえますか？

　ご本人の死亡直後における以下の事務を契約に基づき執行します。

- 老人ホーム等施設利用料、医療費、公共料金、未払い家賃、保険料等費用の支払い
- 知人等関係者、菩提寺への連絡事務
- 葬儀、埋葬、永代供養に関する事務

「立つ鳥、跡を濁さず」とお考えの方には、任意後見契約、死後事務委任契約、遺言書を作成されることをお勧めします。

4．任意後見契約、死後事務委任契約、遺言書は、どのようにすれば作成できますか？

　最寄りの公証役場で作成することができますが、遺言書・任意後見契約書（死後事務委任契約含む）の起案は、近くの行政書士へ相談するのが一番早いでしょう。

第7章
できれば生前にやっておきたい相続税対策

生きているうちに
あげちゃう！

基礎控除したあとは、相続税がかからないという方も多いと思いますが、相続財産がたくさんある方は、死期を悟ったり、認知症のおそれがある場合は早めに生前贈与しておくもの賢明で、相続が"争続"になるのを防ぐことにもなります。

どうする？　1．生前贈与のいろいろ

　山下家という具体例をもとに説明します。
山下家の家族構成

世帯主	山下　太郎	昭和2年2月23日生
妻	山下　華子	昭和4年3月21日
長女	川上　幸子	昭和31年1月13日生
長男	山下　一郎	昭和34年4月5日生
長男の嫁	山下美代子	昭和36年7月8日生
孫	山下　健二	平成2年3月3日生
孫	山下　京子	平成4年5月6日生

　厚生労働省は、2014年における日本の平均寿命は、男性が80.50歳、女性が86.83歳と発表しました。
　山下太郎氏、89歳。日本人の男性の平均寿命を超えています。さすがにこのトシまで生きると、体のあちこちに

不具合が生じます。朝、目が覚めて「ああ良かった、まだ生きていた」などと思う日も増えてきました。長い間一生懸命働いて、それなりの財産も築いてきました。妻もまだ健在です。

　人は遅かれ早かれいつか死を迎えます。一人で生まれ、一人で死んでいきます。

　死ぬ時までに全ての身辺整理が終わっていればいいのですが、必ず何かしらの財産が残ります。お金であれ、土地であれ、当然あの世に持っていくことはできません。

　自分が汗水垂らして得た財産は、トラブルなく次の世代に渡して自分の役目を終えたい、そう考えた山下太郎氏は、どんなことをしたらいいのでしょうか。

1．自分の財産がいくらあるかを調べる。（財産目録の作成）

　いま現在、自分が持っている財産を書き出してみましょう。そして作った財産目録に評価額を入れてみましょう。概算でも結構です。

　預金等は通帳に印字されている金額で結構ですが、土地、建物等の固定資産についての評価は、かなり面倒です。その固定資産を買った時の価格や固定資産税評価額とは異なります。

　正確には財産評価基本通達により評価しますが、この評価は自分で評価するよりも、専門家である税理士等に頼んだ方が正確ですので、依頼してみてはいかがでしょうか。

2．残された人たちが財産を相続する時に相続税の申告と納税が必要か、試算してみる。（相続税の試算）

　財産目録に記載した財産を評価した結果、財産の総額（課税価格の合計額）が基礎控除額以下であれば相続税は課税されませんので、申告は不要です。

　＊基礎控除とは

3,000万円＋（600万円×法定相続人の数）＝基礎控除額

計算例

　① 課税価格の合計額が4,000万円で法定相続人が3人の場合。

　　基礎控除額　3,000万円＋（600万円×3人）＝4,800万円＞4,000万円

　　この場合は相続税の申告と納付は不要です。

　② 課税価格の合計額が5,000万円で法定相続人が3人の場合。

　　基礎控除額 3,000万円＋（600万円×3人）＝4,800万円＜5,000万円

　　この場合は基礎控除額を超える200万円に相続税が課せられますので申告と納付が必要です。

3．相続税がかかりそうなら、かからないように相続対策を練る。

　平成27年1月1日以降開始される相続から相続税の基礎控除が引き下げられたことで、今までは相続税に縁がなかった方にも相続税の申告と納付が必要になりました。

憲法で定められた国民の三大義務の一つに「納税の義務」があります。あらためて憲法だの三大義務だの言われるまでもなく、多くの日本人が納税は仕方ないと考えています。でも、今まで一生懸命働いて得た財産を脱税ではなく、「合法的に相続税を少なくして、子どもたちに渡してあげたい」と思うのは、自然な考え方だと思います。

89歳になってもまだまだ元気な山下太郎氏、いろいろな相続対策を検討してみました。

＜贈与契約書の例＞

山下太郎氏は相続対策として、孫の健二に300万円を贈与することにしました。

贈与契約書

　贈与者山下太郎はその所有する現金300万円を本日受贈者山下健二に贈与することを約し、受贈者はこれを受諾した。

　以上のとおり契約が成立したことを証するため、本書2通を作成し、各自自書押印のうえ、その1通を保有する。

平成27年12月1日

贈与者
　住　所　　神奈川県横浜市都筑区茅ヶ崎中央 1-1-1
　氏　名　　　山下　太郎　　←自署　　㊞

受贈者
　住　所　　神奈川県横浜市都筑区茅ヶ崎中央 1-1-1
　氏　名　　　山下　健二　　←自署　　㊞

平成27年分贈与税の申告書(兼贈与税の額の計算明細書)

第一表(平成27年分以降用)

住所: 〒224-0032 神奈川県横浜市都筑区茅ケ崎中央1-1-1

フリガナ: ヤマシタケンジ

氏名: 山下健二

生年月日: 4(平成) 02 03 03

職業: 会社員

I 暦年課税分

i 特例贈与財産分

贈与者		財産取得年月日	財産の価額(単位:円)
住所: 神奈川県横浜市都筑区茅ケ崎中央1-1-1 フリガナ: ヤマシタタロウ 氏名: 山下太郎 生年月日: 3(昭和) 02 02 23	種類: 現金 細目: 現金	平成27年12月01日	3,000,000

特例贈与財産の価額の合計額(課税価格) ① 3,000,000

ii 一般贈与財産分

一般贈与財産の価額の合計額(課税価格) ②

配偶者控除額 ③

合計欄

I 暦年課税分

④ 暦年課税分の課税価格の合計額 (①+②-③)	3,000,000
⑤ 基礎控除額	1,100,000
⑥ ⑤の控除後の課税価格 (④-⑤)	1,900,000
⑦ ⑥に対する税額	190,000
⑧ 外国税額の控除額	
⑨ 医療法人持分税額控除額	
⑩ 差引税額	190,000

III 合計

⑬ 課税価格の合計額 (⑩+⑫)	3,000,000
⑭ 差引税額の合計額	190,000
⑮ 農地等納税猶予税額	
⑯ 株式等納税猶予税額	
⑰ 医療法人持分納税猶予税額	
⑱ 申告期限までに納付すべき税額 (⑭-⑮-⑯-⑰)	190,000

⑲ 差引税額の合計額 (納付すべき税額)の増加額 00
⑳ 申告期限までに納付すべき税額の増加額 00

□ 税理士法第30条の書面提出有
□ 税理士法第33条の2の書面提出有

贈与税（暦年課税）の税額の計算明細　氏名：山下健二

（注）この計算明細は、贈与税（暦年課税）の税額を算出するために使用するものですので、税務署に提出する必要はありません（申告書と併せて提出する必要はありません。）。

平成27年分以降用（特例贈与財産又は一般贈与財産のいずれか一方のみを取得した場合用）

○ 特例贈与財産のみを贈与により取得した場合（申告書第一表の②欄に金額の記載がない場合）

贈与により財産を取得した者（贈与を受けた年の1月1日において20歳以上の者に限ります。）が、直系尊属（父母や祖父母など）から贈与により取得した財産（「特例贈与財産」といいます。）に係る贈与税の額は、「特例税率」を適用して計算します。

特例贈与財産の価額の合計額（申告書第一表の①の金額）	Ⓐ	3,000,000 円
基礎控除額	Ⓑ	1,100,000 円
Ⓑの控除後の課税価格【Ⓐ－Ⓑ】	Ⓒ	1,900,000 円
Ⓒに対する税額　※ 下記の【速算表（特例贈与財産用）】を使用して計算します。（申告書第一表の⑥欄に転記します。）	Ⓓ	190,000 円

（例）特例贈与財産 6,000,000 円を取得した場合
　特例贈与財産の価額の合計額（Ⓐ）から基礎控除額（Ⓑ）を控除した課税価格（Ⓒ）に【速算表（特例贈与財産用）】を使用して税額（Ⓓ）を計算します。
　Ⓐ6,000,000円－Ⓑ1,100,000＝Ⓒ4,900,000円
　Ⓒ4,900,000円×20%（特例税率）－300,000円（控除額）＝Ⓓ680,000円

【速算表（特例贈与財産用）】

基礎控除後の課税価格	2,000千円以下	4,000千円以下	6,000千円以下	10,000千円以下	15,000千円以下	30,000千円以下	45,000千円以下	45,000千円超
特　例　税　率	10%	15%	20%	30%	40%	45%	50%	55%
控除額（特例税率）	－	100千円	300千円	900千円	1,900千円	2,650千円	4,150千円	6,400千円

＜ご注意ください！＞　「特例税率」の適用を受ける場合で、次の①文は②のいずれかに該当するときは、贈与税の申告書とともに、贈与により財産を取得した人の戸籍謄本又は抄本その他の書類でその人の氏名、生年月日及びその人が贈与者の直系卑属に該当することを証する書類を提出する必要があります。
①「特例贈与財産」のみの贈与を受けた場合で、その財産の価額から基礎控除額（1,100千円）を差し引いた後の課税価格が3,000千円を超えるとき
②「一般贈与財産」と「特例贈与財産」の両方の贈与を受けた場合で、その両方の財産の価額の合計額から基礎控除額（1,100千円）を差し引いた後の課税価格※が3,000千円を超えるとき
※「一般贈与財産」について配偶者控除の特例の適用を受ける場合には、基礎控除額（1,100千円）と配偶者控除額とを差し引いた後の課税価格となります。

○ 一般贈与財産のみを贈与により取得した場合（申告書第一表の①欄に金額の記載がない場合）

「特例税率」の適用がない贈与により取得した財産（「一般贈与財産」といいます。）に係る贈与税の額は、「一般税率」を適用して計算します。

一般贈与財産の価額の合計額（申告書第一表の②の金額）	Ⓐ	円
配偶者控除額（申告書第一表の③の金額）	Ⓑ	円
基礎控除額	Ⓒ	1,100,000 円
Ⓑ及びⒸの控除後の課税価格【Ⓐ－Ⓑ－Ⓒ】	Ⓓ	,000 円
Ⓓに対する税額　※ 下記の【速算表（一般贈与財産用）】を使用して計算します。（申告書第一表の⑦欄に転記します。）	Ⓔ	円

（例）一般贈与財産 14,000,000 円を取得した場合
　　　（配偶者控除 10,000,000 円を適用する場合）
　一般贈与財産の価額の合計額（Ⓐ）から配偶者控除額（Ⓑ）及び基礎控除額（Ⓒ）を控除した課税価格（Ⓓ）に【速算表（一般贈与財産用）】を使用して税額（Ⓔ）を計算します。
　Ⓐ14,000,000円－Ⓑ10,000,000円－Ⓒ1,100,000円＝Ⓓ2,900,000円
　Ⓓ2,900,000円×15%（一般税率）－100,000円（控除額）＝Ⓔ335,000円

【速算表（一般贈与財産用）】

基礎控除後の課税価格	2,000千円以下	3,000千円以下	4,000千円以下	6,000千円以下	10,000千円以下	15,000千円以下	30,000千円以下	30,000千円超
一　般　税　率	10%	15%	20%	30%	40%	45%	50%	55%
控除額（一般税率）	－	100千円	250千円	650千円	1,250千円	1,750千円	2,500千円	4,000千円

「確定申告書等作成コーナー」の贈与税の申告書作成コーナーでは、画面の案内に従って金額等を入力すれば、贈与税額などが自動で計算されますので、ご利用ください。

4．相続時精算課税制度

　相続時精算課税制度とは、60歳以上の直系尊属から20歳以上の子や孫に対する贈与のうち、累計で2,500万円までを非課税とする制度です。

　2,500万円を超える部分については一律20％の税率で課税されます。

　ただし、贈与した財産は相続が開始した時には相続財産に加算され、相続税の対象となります。また、納付した贈与税額は、算出された相続税から控除されることになります。

　この制度を受けるためには、贈与税の申告書と同時に一定の書類の添付が必要です。

　この制度を適用し財産を贈与すれば、早期に若い世代に財産が移転すること、相続財産に加算される価額は贈与時の価額で加算されるため、相続時までに値上がりが期待される財産を早期に贈与すること等による節税が期待される制度です。

　相続時精算課税制度は父母ごとに選択が可能ですが、いったん相続時精算課税制度の適用を受けた親からは、その年以降は暦年課税による110万円の非課税枠は使えませんので注意が必要です。

　暦年課税を選択するか、相続時精算課税制度を選択するかはよく考えたうえで選択が必要です。

＜贈与契約書の例＞（相続時精算課税制度を適用する場合）

山下太郎氏は相続対策として、孫の京子に所有する現金 2,700 万円を贈与することにしました。

贈与契約書

贈与者山下太郎はその所有する現金 2,700 万円を本日受贈者山下京子に贈与することを約し、受贈者はこれを受諾した。

以上のとおり契約が成立したことを証するため、本書2通を作成し、各自自書押印のうえ、その1通を保有する。

平成 27 年 12 月 1 日

贈与者（甲）
　住　所　　神奈川県横浜市都筑区茅ヶ崎中央 1-1-1
　氏　名　　　山下　太郎　　←自署　　㊞

受贈者（乙）
　住　所　　神奈川県横浜市都筑区茅ヶ崎中央 1-1-1
　氏　名　　　山下　京子　　←自署　　㊞

孫の山下京子は平成 28 年 2 月 1 日から 3 月 15 日までの間に、納税地の所轄税務署長に対し、一定の書類を添付した贈与税の申告書を提出し、贈与税を納付する必要があります。

平成27年分贈与税の申告書（被贈与税の額の計算明細書）

第一表（平成27年分以降用）

住所: 〒224-0032 神奈川県横浜市都筑区茅ケ崎中央1-1-1

フリガナ: ヤマシタキョウコ

氏名: 山下京子

生年月日: 4.40.40.506

職業: 会社員

I 暦年課税分

i 特例贈与財産分

私は、租税特別措置法第70条の2の5第1項又は第3項の規定による直系尊属から贈与を受けた場合の贈与税の税率の特例の適用を受けます。

① 特例贈与財産の価額の合計額（課税価格）	

ii 一般贈与財産分

② 一般贈与財産の価額の合計額（課税価格）	
③ 配偶者控除額	

合計欄

I 暦年課税分

④ 暦年課税分の課税価格の合計額 (①+(②-③))	
⑤ 基礎控除額	1,100,000
⑥ ⑤の控除後の課税価格 (④-⑤)	
⑦ ⑥に対する税額	
⑧ 外国税額の控除額	
⑨ 医療法人持分税額控除額	
⑩ 差引税額 (⑦-⑧-⑨)	

II

⑪ 相続時精算課税分の課税価格の合計額	2,700,000
⑫ 相続時精算課税分の差引税額の合計額	400,000

III 合計

⑬ 課税価格の合計額	2,700,000
⑭ 差引税額の合計額（納付すべき税額）	400,000
⑮ 農地等納税猶予税額	
⑯ 株式等納税猶予税額	
⑰ 医療法人持分納税猶予税額	
⑱ 申告期限までに納付すべき税額 (⑭-⑮-⑯-⑰)	400,000

この申告書が期限後申告である場合:

⑲ 差引税額の合計額（納付すべき税額の増加額）	
⑳ 申告期限までに納付すべき税額の増加額	

☑ 税理士法第30条の書面提出有
☐ 税理士法第33条の2の書面提出有

平成27年分贈与税の申告書(相続時精算課税の計算明細書)

FD4734

受贈者の氏名: 山下京子

☐ 私は、租税特別措置法第70条の3第1項の規定による**相続時精算課税選択の特例**の適用を受けます。

(単位:円)

相続時精算課税分

特定贈与者の住所・氏名(フリガナ)、申告者との続柄・生年月日

住所: 神奈川県横浜市都筑区茅ケ崎中央1-1-1

フリガナ: ヤマシタタロウ

氏名: 山下太郎

続柄: 3 (父1、母2、祖父3、祖母4、1〜4以外5)

生年月日: 3 02 02 23 (明治1、大正2、昭和3、平成4)

左の特定贈与者から取得した財産の明細

種類: 現金預貯金等 / 細目: 現金 / 所在場所等: 現金

財産を取得した年月日: 平成 27年 12月 01日

財産の価額: 27,000,000円

㉑ 財産の価額の合計額(課税価格)		27,000,000
特別控除額の計算	㉒ 過去の年分の申告において控除した特別控除額の合計額(最高2,500万円)	
	㉓ 特別控除額の残額(2,500万円−㉒)	25,000,000
	㉔ 特別控除額(㉑の金額と㉓の金額のいずれか低い金額)	25,000,000
	㉕ 翌年以降に繰り越される特別控除額(2,500万円−㉒−㉔)	
税額の計算	㉖ ㉔の控除後の課税価格(㉑−㉔)【1,000円未満切捨て】	2,000,000
	㉗ ㉖に対する税額(㉖×20%)	400,000
	㉘ 外国税額の控除額(外国にある財産の贈与を受けた場合で、外国の贈与税を課せられたときに記入します。)	
	㉙ 差引税額(㉗−㉘)	400,000

上記の特定贈与者からの贈与により取得した財産に係る過去の相続時精算課税分の贈与税の申告状況

申告した税務署名	控除を受けた年分	受贈者の住所及び氏名(相続時精算課税選択届出書に記載した住所・氏名と異なる場合にのみ記入します。)
署	平成 年分	
署	平成 年分	
署	平成 年分	
署	平成 年分	

◎ 上記に記載された特定贈与者からの贈与について初めて相続時精算課税の適用を受ける場合には、申告書第一表及び第二表と一緒に「相続時精算課税選択届出書」を必ず提出してください。なお、同じ特定贈与者から翌年以降財産の贈与を受けた場合には、「相続時精算課税選択届出書」を改めて提出する必要はありません。

※ 税務署整理欄: 整理番号 / 名簿 / 届出番号 / 財産細目コード / 確認

(資5−10−2−1−A4統一) (平27.10)

相続時精算課税選択届出書

（平成27年分用）

平成＿＿年＿＿月＿＿日

緑　税務署長

受贈者
住所又は居所：〒224-0032　電話（　－　－　）
神奈川県横浜市都筑区茅ケ崎中央1-1-1
フリガナ：ヤマシタキョウコ
氏名（生年月日）：山下京子　㊞　（大・昭・平）4年5月6日
特定贈与者との続柄：孫

○「相続時精算課税選択届出書」は、必要な添付書類とともに申告書第一表及び第二表と一緒に提出してください。

私は、下記の特定贈与者から平成27年中に贈与を受けた財産については、相続税法第21条の9第1項の規定の適用を受けることとしましたので、下記の書類を添えて届け出ます。

記

1　特定贈与者に関する事項

住所又は居所	神奈川県横浜市都筑区茅ケ崎中央1-1-1
フリガナ	ヤマシタキョウ
氏　名	山下太郎
生年月日	明・大・昭・平　2年　2月　23日

2　年の途中で特定贈与者の推定相続人又は孫となった場合

推定相続人又は孫となった理由	
推定相続人又は孫となった年月日	平成　年　月　日

（注）孫が年の途中で特定贈与者の推定相続人となった場合で、推定相続人となった時前の特定贈与者からの贈与について相続時精算課税の適用を受けるときには、記入は要しません。

3　添付書類

次の（1）～（4）の全ての書類が必要となります。
なお、いずれの添付書類も、贈与を受けた日以後に作成されたものを提出してください。
（書類の添付がなされているか確認の上、□にレ印を記入してください。）

(1) □ **受贈者や特定贈与者の戸籍の謄本又は抄本**その他の書類で、次の内容を証する書類
　① 受贈者の氏名、生年月日
　② 受贈者が特定贈与者の推定相続人又は孫であること

(2) □ **受贈者の戸籍の附票の写し**その他の書類で、受贈者が20歳に達した時以後の住所又は居所を証する書類（受贈者の平成15年1月1日以後の住所又は居所を証する書類でも差し支えありません。）

(3) □ **特定贈与者の住民票の写し**その他の書類で、特定贈与者の氏名、生年月日を証する書類
　（注）（1）の書類として特定贈与者の戸籍の謄本又は抄本を添付するときは、（3）の書類の添付を要しません。

(4) □ **特定贈与者の戸籍の附票の写し**その他の書類で、特定贈与者が60歳に達した時以後の住所又は居所を証する書類（特定贈与者の平成15年1月1日以後の住所又は居所を証する書類でも差し支えありません。）
　（注）1　租税特別措置法第70条の3（特定の贈与者から住宅取得等資金の贈与を受けた場合の相続時精算課税の特例）の適用を受ける場合には、「平成15年1月1日以後の住所又は居所を証する書類」となります。
　　　　2　（3）の書類として特定贈与者の住民票の写しを添付する場合で、特定贈与者が60歳に達した時以後（租税特別措置法第70条の3の適用を受ける場合を除きます。）又は平成15年1月1日以後、特定贈与者の住所に変更がないときは、（4）の書類の添付を要しません。

（注）この届出書の提出により、特定贈与者からの贈与については、特定贈与者に相続が開始するまで相続時精算課税の適用が継続されるとともに、その贈与を受ける財産の価額は、相続税の課税価格に加算されます（この届出書による相続時精算課税の選択は撤回することができません。）。

作成税理士		㊞	電話番号	
※ 税務署整理欄	届出番号	－	名簿	確認

※印欄には記入しないでください。

孫への贈与

法定相続人に贈与を行った場合に、相続開始前3年以内のものは全て相続税の申告時に、持ち戻して計算する必要があります。

しかし、孫は通常は法定相続人ではありませんので、この3年以内加算の規定はありません。

しかも財産を親から子、子から孫へと移転させる場合には相続税が2回課税されることになりますから、親から孫へ直接贈与すれば、相続税の課税を1回少なくすることが可能です。

ただし、特定の孫だけに贈与すると、贈与を受けられなかった孫やその親から、不満が出る可能性がありますので、平等な贈与を心がけましょう。

5．住宅取得等資金の贈与

① 制度のしくみ

この制度は、平成27年1月1日から平成31年6月30日までの間に、父母や祖父母等の直系尊属から住宅を取得等するための資金の贈与を受けた場合において、一定の要件を満たす時は、住宅取得等資金のうち一定の金額について贈与税がかからないようになる制度です。

② 受贈者の要件

非課税の特例を受けるためには、次の全ての要件を

満たすことが必要です。
- 贈与を受けた時に日本国内に住所を有すること
- 贈与を受けた時に贈与者の直系卑属であること。
- 贈与を受けた年の1月1日において20歳以上であること。
- 贈与を受けた年の合計所得金額が2,000万円以下であること。
- 贈与を受けた年の翌年3月15日までに、住宅取得資金の全額を充てて住宅用の家屋の新築等をすること。
- 贈与を受けた年の翌年3月15日までにその家屋に居住すること。
  または同日後遅滞なくその家屋に居住することが確実であると見込まれること。
- 受贈者の配偶者、親族など一定の特別の関係がある者から住宅用の家屋を取得したものではないこと。
- 平成26年分以前の年分において旧非課税制度の適用を受けたことがないこと。

③ 各年分の非課税限度額

各年分の非課税限度額は次の表のとおりとなります。

受贈者ごとの非課税限度額（注1）

1. 下記2以外の場合

住宅用家屋の新築等に係る契約の締結日（注3） \ 住宅用家屋の種類	省エネ等住宅（注4）	左記以外の住宅
平成27年12月31日まで	1,500万円	1,000万円
平成28年1月1日から平成29年9月30日まで	1,200万円	700万円
平成29年10月1日から平成30年9月30日まで	1,000万円	500万円
平成30年10月1日から平成31年6月30日まで	800万円	300万円

2. 住宅用の家屋の新築等に係る対価等の額に含まれる消費税などの税率が10％である場合（注2）

住宅用家屋の新築等に係る契約の締結日（注3） \ 住宅用家屋の種類	省エネ等住宅（注4）	左記以外の住宅
平成28年10月1日から平成29年9月30日まで	3,000万円	2,500万円
平成29年10月1日から平成30年9月30日まで	1,500万円	1,000万円
平成30年10月1日から平成31年6月30日まで	1,200万円	700万円

（注1）非課税限度額

　　受贈者ごとの非課税限度額は、新築等をする住宅用の家屋の種類ごとに、受贈者が最初に新非課税制度の適用を受けようとする住宅用の家屋の新築等に係る契約の締結日に応じた金額となります。

　　また、すでに新非課税制度の適用を受けて贈与税が非課税となった金額がある場合には、その金額を控除した残額が非課税限度額と

なります。ただし、上記2の表における非課税限度額は、平成28年9月30日までに住宅用の家屋の新築等に係る契約を締結し、すでに新非課税制度の適用を受けて贈与税が非課税となった金額がある場合でも、その金額を控除する必要はありません。

　なお、平成28年10月1日以後に住宅用の家屋の新築等に係る契約を締結して新非課税制度の適用を受ける場合の受贈者ごとの非課税限度額は、上記1及び2の表の金額ののうちいずれか多い金額となります。

（注2）住宅用の家屋の新築などに係る対価等の額に含まれる消費税等の税率

　個人間の売買で、建築後使用されたことのある住宅用家屋（中古住宅）を取得する場合には、原則として消費税等がかかりませんので上記2の表には該当しません。

（注3）住宅用の家屋の新築等に係る契約の締結日

　新非課税制度の適用を受けるためには、平成31年6月30日までに贈与により住宅取得等資金を取得するだけではなく、住宅用の家屋の新築等に係る契約を同日までに締結している必要があります。

（注4）省エネ等住宅（※1）〔平成24年3月31日 国土交通省公示389号・390号〕

　省エネ等住宅とは、エネルギーの使用の合理化に著しく資する住宅用の家屋、大規模な地震に対する安全性を有する住宅の家屋または高齢者などが自立した日常生活を営むのに特に必要な構造及び設備の基準に適合する住宅用の家屋をいいます。

　具体的には、省エネ等基準（①断熱等性能等級4若しくは一次エネルギー消費量等級4以上相当であること、②耐震等級〈構造躯体の倒壊等防止〉2以上若しくは免震建築物であることまたは③高齢者等配慮対策等級〈専用部分〉3以上であることをいいます）に適合する住宅用の家屋であることにつき、次のいずれかの証明書等を贈与税の申告書に添付することにより証明されたものをいいます。

証明書などの種類(※4)	証明対象の家屋
住宅性能証明書	①新築をした住宅用の家屋 ②建築後使用されたことのない住宅用の家屋 ③建築後使用されたことのある住宅用の家屋(※2) ④増改築等をした住宅用の家屋(※3)
建設住宅性能評価書の写し	
長期優良住宅建築等計画の認定通知書等の写しおよび住宅用家屋証明書(その写し)または認定長期優良住宅建築証明書	①新築をした住宅用の家屋 ②建築後使用されたことのない住宅用の家屋
低炭素建築物新築等計画認定通知書の写しおよび住宅用家屋証明書(その写し)または認定低炭素住宅建築証明書	

(※1) 平成27年3月31日以前に上記の証明などの申請があった場合は、省エネルギー対策等級4相当である住宅用の家屋も対象となります。

(※2) **建築後使用されたことのある住宅用の家屋の場合**は、その取得の日前2年以内または取得の日以降に、その証明のための家屋の調査が終了したものまたは評価されたものに限ります。

(※3) **住宅用の家屋の増改築等をした場合**に、省エネ等基準に適合させるための工事であることについての証明がされた「増改築等工事証明書」を、「住宅性能証明書」または「建設住宅性能評価の写し」に代えることができます。

(※4) 上記の証明書などの発行につきましては、国土交通省または地方整備局にお尋ねください。

④非課税の特例の適用を受けるための手続き

　非課税の特例の適用を受けるためには、贈与を受けた年の翌年2月1日から3月15日までの間に、この特例の適用を受ける旨を記載した贈与税の申告書に計算明細書、戸籍の謄本、住民票の写し、登記事項証明

書、取得等をした契約書の写し等の一定の書類を添付し、納税地の所轄税務署長に提出する必要があります。

6．教育資金の一括贈与

① 制度のしくみ

　平成25年4月1日から平成31年3月31日までの間に、30歳未満の受贈者が、教育資金に充てるため、受贈者の直系尊属から、一人につき教育資金として1,500万円まで贈与を受けても贈与税はかからないという制度です。

② 利用方法は
- 直系尊属（両親、祖父母等）が金融機関等に子・孫名義の口座等を開設する。
- 金融機関等と教育資金贈与信託の契約を締結して教育資金を一括して信託する。
- 教育資金非課税申告書を金融機関等を経由して税務署長に提出する。
- 教育資金の支払いを行った場合に、支払った教育資金の領収書等を金融機関等の営業所等に提出する。

③ メリット

相続開始前3年以内に相続人に贈与した財産は、相続財産に含めて相続税の計算を行いますが、教育資金の一括贈与の場合は相続税の計算の対象になりません。したがって相続が発生するまでに時間の余裕がない場合は、相続対策になると言えます。

④ デメリット

　資金の使い道が教育資金に限定されるため、それ以外のために使うことは認められません。また、30歳になるまでに使い切らなかった場合は、30歳に達した時点で残った金額に贈与税が課せられます。

　また、教育資金の払い出しを受ける際に、窓口での手続きに手間がかかることもあります。

⑤ おすすめの方法は

　孫が大学に入学して入学金と前期の授業料が必要な場合は、孫の親がその費用を負担するのではなく、祖父母が負担してあげることがポイントです。その際は入学金と前期授業料の合計を1円単位まで祖父母の口座から孫の口座に振込んでください。後期の授業料は支払期日までにあらためて振り込んでください。

　振込料が二重にかかるから、とか、何度も銀行に行くのは面倒だと考えて、まとめて振り込んでしまいますと授業料以外の用途に使用が可能だったとみなされて、贈与税が課せられる恐れがあります。

7. 贈与税の配偶者控除

① 制度のしくみ

　婚姻期間が20年以上の夫婦の間における居住用不動産、または居住用不動産を取得する金銭を贈与した場合は2,000万円までの控除が認められています。したがって、贈与税の基礎控除が110万円ですから

配偶者控除の適用を受ける年は2,000万円＋110万円＝2,110万円まで贈与税はかかりません。また、この規定は同一の配偶者から一生に一度のみ適用が可能です。なお、贈与税がかからなくても一定の書類を添付した贈与税の申告書の提出は必要です。

贈与税の速算表

[直系尊属からの贈与]　　　　　　　　　　　　　　平成27年1月1日以後

基礎控除、配偶者控除の課税価格（A）		税率（B）	控除額（C）	税額＝（A）×（B）−（C）
～200万円以下		10%	－	（A）×10%
200万円超	400万円以下	15%	10万円	（A）×15%−100,000円
400万円超	600万円以下	20%	30万円	（A）×20%−300,000円
600万円超	1,000万円以下	30%	90万円	（A）×30%−900,000円
1,000万円超	1,500万円以下	40%	190万円	（A）×40%−1,900,000円
1,500万円超	3,000万円以下	45%	265万円	（A）×45%−2,650,000円
3,000万円超	4,500万円以下	50%	415万円	（A）×50%−4,150,000円
4,500万円超		55%	640万円	（A）×55%−6,400,000円

（注）直系尊属からの贈与については、直系卑属が20歳以上の場合に限られます。

[一般の贈与]

基礎控除、配偶者控除の課税価格（A）		税率（B）	控除額（C）	税額＝（A）×（B）−（C）
～200万円以下		10%	－	（A）×10%
200万円超	300万円以下	15%	10万円	（A）×15%−100,000円
300万円超	400万円以下	20%	25万円	（A）×20%−250,000円
400万円超	600万円以下	30%	65万円	（A）×30%−650,000円
600万円超	1,000万円以下	40%	125万円	（A）×40%−1,250,000円
1,000万円超	1,500万円以下	45%	175万円	（A）×45%−1,750,000円
1,500万円超	3,000万円以下	50%	250万円	（A）×50%−2,500,000円
3,000万円超		55%	400万円	（A）×55%−4,000,000円

② 適用を受けるための要件

　この規定の適用を受けるためには次の条件を満たす必要があります。
・婚姻期間が20年以上であること。
・居住用不動産または居住用不動産を取得するための金銭の贈与であること。
・贈与を受けた配偶者が贈与を受けた年の翌年3月15日までにその居住用不動産に住み、その後も引き続き住む見込みでいること。
・過去にこの制度の適用を受けたことがないこと。

③ 相続開始前3年以内に贈与された場合

　相続開始前3年以内にこの特例を適用して贈与された財産は生前贈与加算の対象にはなりません。したがって贈与をした価額に対応する相続税が減るため、相続税の節税になります。

・注意点

　贈与税の配偶者控除の規定により贈与税の負担はありませんが、贈与税以外の税金、登録免許税や不動産取得税はかかります。

8．養子縁組

① 養子縁組とは

　養子縁組は、実の親子以外に人為的に親子関係を作る制度です。

　養子縁組は当事者の双方に縁組をする意思があれば

比較的簡単に行えます。

② メリット

　養子縁組をすることにより法定相続人が増え、基礎控除額も増えますので、相続税の節税になります。また、保険金、退職金などの非課税限度額は500万円×法定相続人の数で求めるため、養子縁組をすることにより法定相続人の数が増え、相続税の節税になります。

　さらに、相続税の計算上、適用税率が引き下げられます。

　・注意点

　民法上は養子縁組に制限はありませんが、相続税法上では、法定相続人の数に入れられる養子の数は、実子がいる場合の養子は一人まで、実子がいない場合は二人までしか認められていません。

　また、養子縁組をする時には、養子になる人は当然のこと、相続人全員に周知しておくことをお勧めします。養子縁組をすれば養子にも相続権が生じますので、他の相続人の相続分は少なくなります。そのことを他の相続人も充分理解したうえでの養子縁組でないと、後々争族トラブルを起こす原因となってしまいます。

9．究極の節税策？

　相続税を0にする方法、それは自分が今まで残してき

た財産を死ぬまでに全部使い切ることです。

　課税価格の合計額が基礎控除額を超えた場合に、超えた部分に課税するのが相続税ですから、財産が全てなくなれば当然相続税は課税されません。そして、財産を残すから生じる争族トラブルも、財産がなければ争う必要もありません。

　すべてが丸く収まってめでたし、めでたし、と言いたいところですが、全部使い切ってしまってもまだ生きていたらどうしよう……。医療技術が発達した現代ではその可能性は充分あります。そう簡単に死なせてくれません。

　年老いてお金がない生活ほど惨めなものはありません。そうならないように少しは残しておきたい…そう考えると全部使い切るなんて無理なのでしょうか。

　やっぱり究極の節税策なんてないのかもしれません。

どうする？ 2. もし納付が必要なら資金繰りの対策を

　財産目録を作り、評価し、生前の相続対策をしても相続税の申告と納付が必要だとわかれば納税資金の確保も重要です。

1. 生命保険を活用する

・納税資金を確保する

生命保険に係る税金の種類は、被保険者、保険料負担者、保険金受取人が誰かによって変わります。

死亡保険金を受け取った時の税金

契約形態	契約者	被保険者	死亡保険金受取人	税金の種類
契約者と被保険者が同一の場合	夫	夫	妻	相続税
契約者と受取人が同一の場合	夫	妻	夫	所得税
契約者、被保険者、受取人がそれぞれ異なる場合	夫	妻	子	贈与税

①契約者と被保険者が山下太郎、死亡保険金受取人を法定相続人にしている場合

この場合は相続人1人あたり500万円の非課税枠がありますので、山下家の場合は500万円×3人＝1,500万円まで、保険金を受け取っても相続税はかかりません。

この制度を利用して死亡保険金1,500万円の保険契約を行うと1,500万円の納税資金が用意できると同時に、その保険契約に係る保険料相当額だけ相続財産も減少しますので、相続税の節税になります。

②契約者と受取人を山下華子、被保険者を山下太郎にしている場合

このような契約形態で死亡保険金を山下華子が受取った場合は、一時所得として所得税が山下華子に課せられます。一時所得は保険金収入から収入を得るために支出

した経費を引き、さらに50万円の特別控除を差し引いた残りを2分の1して計算した所得金額に課税される仕組みですので、相続税の税率よりも低い税率で課税されることになります。この場合、山下華子が支払う保険料を山下太郎が毎年、生前贈与するという方法がお勧めです。この場合もちゃんと贈与契約書を交わし、保険料も口座振込を行って記録を残しておくべきでしょう。

③被保険者が山下太郎、保険料負担者が山下華子、保険金受取人が子どもの場合

この場合は、子どもが保険金を受け取った時に贈与税が課せられます。

受け取る保険金が少額の場合で、相続財産が多額で最高税率が課せられるような場合には贈与税の対象とした方が有利な場合があります。

どうする？ 3．争族トラブルが発生しない対策

第6章で、相続から争いが起きないようにする工夫をいろいろお話ししましたが、もう一度考えてみたいと思います。

日本では古くから家督相続制度というものがあり、家長が全ての財産を相続していました。

家長以外の相続人は、「古くからのしきたりだから仕方ない」と自分自身を納得させていたようです。

しかし、時代の流れとともに人々の意識や社会状況が変化し、家督制度はふさわしくないという意見から、昭和23年に施行された民法で家督相続制度は廃止され、子や配偶者であれば平等に相続することができる法定相続制度が定められました。

家長以外の相続人にとっては朗報ですが、家長にしてみると納得のいかない制度です。昭和23年からずいぶん経過しましたが、未だに「財産は家長である長男の自分がもらう」と言い張る人も見られ、争族トラブルの原因の一つとなっています。

このような争族トラブルを起こさないためにどのようなことをすればいいでしょうか。

（1）やはり遺言書を書いておくほうがいい。

遺言は自分の意思を残された人々に伝え、その意思を実現するための文書です。遺言があれば、自分が死んだあと、残された人々の間に起きると予想されるトラブルを未然に防ぐこともできます。ただ、それだけの効力を持たせるためには、遺言は約束事を守って作らなければなりません。有効な作り方をしなかったために、せっかくの遺言が無効になってしまっては意味がありません。遺言を残す人は、形式上の不備がないよう書き方を調べておきましょう。

また、その内容によっては逆に相続人間にトラブルを起こすことも考えられます。内容をよく吟味することは言うまでもありません。
　そして、残された人たちは故人の遺志を尊重し、遺言書に書いてあるように遺産分割をすべきです。
　ただ、形式上不備がなかったとしても、特定の人にだけ財産を相続させる旨の内容だったりすると、財産をもらえない人たちに不公平感が生じますので、遺言の内容は、どの相続人から見ても公平な内容にすべきでしょう。

（2）遺産分割協議で「身内を思いやる心」を持つ。
　遺言書がない場合は、相続人が遺産分割協議を行って、故人が残した財産を分配します。このときに自分の立場だけを考え、欲しい財産を主張すれば泥沼の始まりです。財産はいくらあっても足りません。
　おカネはないよりはあったほうがいいのは分かりますが、争っている相手は血のつながった身内だという事実を再認識し、お互いが自分の主張ばかり言わないで、相手を思いやる心を持つことも大切なのではないでしょうか。

第8章

思い出を大切に整理しよう

故人の気持ちを大切に

どうする？ 1. 思い出の品々の整理は、故人の気持ちを大切にしながら

　亡くなった方の遺品整理にあたっては、よく言われるような、単なる「断捨離」の考え方にのっとって行うべきではありません。

　亡くなった方の思い出がいっぱいつまった品々、かんたんに「捨ててしまえ」というわけにはいきません。

　そのあまりの膨大な量に、「どうしたらいいのだ」「何から手をつけたらいいのか」と、思わず立ちすくみたくなるかもしれません。

　自分の身の周りの整理なら、「エイヤッ」と、それこそ断捨離のテーマに沿って整理し、不用品を大幅に捨て、すっきりすればいいかも知れませんが、亡くなった方の遺品整理に当たっては、まず亡くなった方の思いを大切に受け止めながら、進めることが必要になってきます。

どうする？ 2. 残された品々を書き出してみる

　大まかでいいから、まず遺品のリストを、下記のような

分類に沿ってざっと書き出してみましょう。

　これによって、身内で分けたいもの、親しい方に差し上げるもの、売ることができるもの、残しておくもの、捨てるもの、大まかな見当をつけることができます。

　遺品整理を手伝ってくれる方がいらっしゃるなら、この段階から相談をしながら進めて行くことです。一人で悩むより、ずいぶん楽に進みます。

家具：
什器類：
家電製品：
図書および文献類：
写真アルバム類：
仏壇仏具類：
寝具：
日常の洋服類：
履物類：
和装の着物等：
宝飾品：
美術骨董品：
置物類：
切手古銭など趣味の収集品：
ブランド品：
茶道具等：
その他：

どうする？ 3．故人の気持ちに沿って形見分け

　リストアップが一通り終わったら、故人の意向を思い起こしながら、遺族同士で話し合って形見分けを考えたいですね。

　その意味でも、できれば遺品整理の準備段階から、遺族が何人かで相談しながら進めるようにすることが、一番よいと思います。

　形見分けは、親族だけでなく、故人の親しい友人や、お世話になった方々にまで広げて差し上げることができれば、喜ばれると思います。それが故人の供養にもなるというものです。

どうする？ 4．写真やアルバムの整理

（1）かさばるアルバムをやめる
　　どのように片づけたらいいか誰もが悩むものの第一

に、写真やアルバムの整理があげられます。

　通常は「量が多すぎて、全部このまま保存するなんてムリ！　……だからといって、捨てるにはしのびない。どうしよう？」と、思い出を大切に保存してきた故人の気持ちを考えて、悩む方が多いのではないでしょうか。

　まして、アルバムは厚表紙の立派な造りのものがほとんどで、とてもかさばります。

「写真を全部アルバムからはがして、アルバムを捨てて、それから残す写真を選びました」などというお話をうかがいましたが、これも一案でしょう。

（2）あわてて捨てすぎない

「残す写真を選んで、不要な写真を捨てる」と言うは易く、一度捨てたらもう取り戻せません。アルバムからはがしたのですから、それほどかさばるわけではないでしょう。

「写真を処分するのは、ゆっくり落ち着いてからにしたほうがいいですよ」とは、経験者からうかがった体験談です。

（3）写真をデータで残す

「本当に必要な写真だけ、スキャンしてデータで残しました」などという話もうかがいました。

　しかし、大量の写真を自分でスキャンしてデータに残すのも、実はかなり大変な作業です。

　費用はかかりますが、業者にデータ化を依頼するなどの方法も考えたほうがいいかもしれません。

ただし、ハードディスクやCD、DVDといった媒体も、永久保存にはなりませんのでご注意ください。

どうする？ 5.「本」という形にするのも一案

　アルバムで見つけた貴重な写真や、若き日に奥さんやご主人とかわした手紙などを、残った遺族の方に形として残すなら、一冊の「思い出のアルバム」として本にするのも、ひとつの案として考えたらどうでしょう。

　30冊から50冊くらい作って、学友やかつての同僚などに送れば、きっと喜ばれることでしょう。

　かつては、近隣の印刷所などに頼むと「法外な料金を請求された」などという話も聞きますが、いまは少部数専門の会社も数多くありますので、相談なさってください。

（この本の発行元の北辰堂出版の系列の「株式会社ブレーン　Tel.03-6228-1251」でも自費出版の製作をやっております。ご遠慮なくお問い合わせください）

どうする？ 6．仏壇や位牌の処分のしかた

　仏壇や位牌は、ぞんざいに粗大ゴミや燃えるゴミとして捨てるというわけにはいきません。
　処分を考えるとしても、やはりていねいに供養してからにしたいものです。
「仏壇は単なる器なのだから、廃棄処分にしてもいい」などという考え方も一理あるかもしれませんが、では、おまつりしてあるご本尊様やお位牌はどうしますか。
　ご本尊様については、「おみたまぬきをしてから処分する」などの意見もうかがったことがあります。
　狭い家に「仏壇を二基も三基も置いておけない」というのも事実でしょう。
　お寺や、仏壇店に相談して、費用を支払ってひきとっていただくのもいいかもしれません。
　位牌は「先祖代々」でまとめるなど工夫して、現在の仏壇の中へ一緒に入れるのはいかがでしょうか。
　それでも仏壇が小さくて入りきらないという場合は、仏壇横におまつりしてもいいかもしれませんね。

第9章

遺品整理の知恵

業者に頼むのもよく考えてから

1. どこから手をつければいいか、まず計画づくり

どうする？

　形見分けをすませたら、いよいよ遺品整理にとりかからなければなりません。

　でもヤミクモに片づけ始めても、らちがあくとは思えません。

　まず大まかに、遺品整理の進め方の計画を立てましょう。いっしょに計画を考えて、実際にも手伝ってくださる方がいれば心強いですね。

　役割分担をして、実作業にかかれるメンバーを決め、日程や時間や調整してとりかかれると、スムースに片づけることができるでしょう。

　作業に当たっては、その地域のごみ収集日や収集方法などを確認しておきます。

　金銭的な支出が伴う場合もありますので、あらかじめ用意しておく必要があります。

　また場合によっては、小型トラックの手配など、運搬の手段まで考えておくことも必要になってきます。

どうする？ 2. ざっと仕分けて作業開始

まず大まかに、
　①さしあげるもの
　②残すもの
　③処分するもの
　④とりあえず判断を保留にするもの
の四つに仕分けてみましょう。

できれば、リビングなどの広い場所にスペースを設けて、仕分けしたものの置き場所にすると、作業が効率的に進みます。

④の判断を保留にしたものは、いずれ、処分するか、残しておいて使うものにするか、あとで決めることにします。

③の処分するものについては、分別段階からゴミ袋を用意して、燃えるゴミと不燃ゴミに分別して、ゴミ袋へ入れていきます。

鍋釜などの調理器具や陶磁器類は意外に重いので、あまり大きな袋に詰め込むと、持ち運びが大変になります。小分けにしたほうがラクです。

3．作業日はゴミ収集日に合わせる

どうする？

　こうして出たいわゆる「一般ゴミ」は、各地域のゴミ収集日に、ゴミ袋に入れて出すのがいいと思います。

　ただし、「燃えるゴミ」と「不燃ゴミ」は収集日が違うところがほとんどですので、気をつけてください。

　粗大ゴミは、各自治体によって収集方法やルールが違ったりしますので、市役所や区役所に問い合わせて相談するようにおすすめします。

　テレビやエアコン、冷蔵庫、洗濯機などは、リサイクル家電として指定されています。自治体では、粗大ゴミとして回収してもらえません。

　これらの回収を行うのは、原則としてそれらの家電を販売した家電小売店です。家電小売店には古い家電製品を引き取る義務があるのです。

　ただし、回収・運搬の費用とリサイクルするための料金を、お願いする側で負担する必要があります。

　しかし、どこから購入したかわからないというのが、ほとんどでしょうね。販売した業者がわからない場合は、自治体に相談すれば、回収を行ってくれる業者を紹介していただけます。

　やはり、ごみ処分その他、自治体を利用するのが費用も

少なくてすみます。いろいろ相談にも乗ってくれますので、事前に情報収集することをおすすめします。

どうする？ 4．ゴミ処分は業者に頼めばラクだが

　近ごろは、不用品回収専門業者や遺品整理業者の案内チラシなどをよく見かけます。郵便受けに入っていることも多いですね。

　自治体の回収を最大限利用すれば、たしかに費用は安く抑えることができますが、指定の収集日という制限があります。時には、粗大ゴミも自分で持ち込まなくてはなりません。

　そこへ行くと専門業者のほうは、こちらの都合に合わせて回収してもらえます。分別や運び出しなどの作業もやってもらえます。

　そのかわり「トラック1台いくら…」などと費用がかかります。

　ですから、最初から業者に頼むのではなく、自治体の収集を目いっぱい利用して、あとは不用品回収業者に依頼するというのがいいかもしれません。

どうする？ 5. リサイクルショップは思い通りには買ってくれない

　不用品をいろいろ買い取ってくれるリサイクルショップのチラシなどもよく見かけます。

　遺品のあれこれを買い取っていただけるのなら、廃棄処分を考えなくてすむし、お金にもなる、いいことずくめのように思えますが、やはりそう甘くはありません。

　まず、お店では「売れる」と判断できる品物でないと買ってくれません。

　次の項で、どんな品物が売れるか売れないか、じっくり考えてみたいと思いますが、とりあえず、「思い通りには買ってくれない」「思い通りの値段は期待できない」と覚悟したうえで、利用なさるとよいと思います。

どうする？ 6. ピアノ、本、CD、DVD、ゲームなど

　ピアノは最近「売ってちょうだい！」などとコマーシャルも流れているとおり、専門業者に依頼するのがいいでしょう。

本やゲーム、CD、DVDなどは「ブックオフ」へ持ち込むか、買い取りを依頼すると引き取りにも来てくれます。

また最近「ネットオフ」といって、本やCD、DVDなどを宅配便で送るだけで、買い取ってくれる業者も、「手間がかからない」と人気があります。

福祉雑誌の広告で見つけましたが、0120-39-0202（サンキュー・オフオフ）へ申し込んで、「エコクーポン番号MGM-390202」と伝えると、福祉施設の活動に買取金額の20％が寄付される、などという事業展開も行っている所もあるそうです。

どうする？ 7. 意外と高値で売れるもの、売れないもの

リサイクルショップでは、思い通りには買ってもらえないとお話ししましたが、それでも、意外と高値が付くものもあります。

① 金・銀・プラチナ製品

　金は、30年ほど前と比較して2～3倍に上がっているそうです。

　金・銀・プラチナ製品であれば、金縁メガネや装飾品など、デザインが古いとか壊れていても関係ありません。グラムあたりの相場が決まっているので、専門

業者に買い取ってもらえるようです。

　ちょっと極端な例ですが、純度の高い金歯などもかなりの価格がつくと、雑誌記事で読みました。火葬すれば溶けてなくなるからと、納棺士が遺体から金歯を外して渡してくださったものに、かなりの価格がついて喜ばれたという記事でした。

② 仏具・勲章・優勝カップなど

　仏像や、おりん、線香立てやろうそく立てなども、金銀製だったりすると、かなりの高値がつく場合があります。

　また、バブル期のゴルフの優勝カップなどは、銀製であることが少なくありません。

　勲章もコレクターがいて、「勲一等瑞宝章」などのレアものでは、ウン十万の値がつくものがあります。

③ 着物は高値がつきにくい

　和ダンスに大事にしまわれていた着物類、買ったときは相当な価格の着物だったでしょうが、意外と二束三文に値踏みされるケースが多いものです。

　例えば大島紬や友禅の高級品などは、保存状態さえよければ数万の高値が付く場合もありますが、数十万で買った着物が重量でしか査定してもらえないなど、落胆することが多いようです。

④ 掛け軸など骨董品や古い茶道具は、箱入りかどうか

　この類の品物は、上等なものであればあるほど、大事に桐箱や杉箱にしまわれていることが多いようで

す。二重、三重に、大事にしまわれている場合もあります。

　作者や年代について「箱書き」があるなど、由来が分かれば、思いもかけない高値に化けることもあります。

⑤ ブランド品の時計やバッグなど

　時計のブランドでは、やはりロレックスなどは高値で買い取ってもらえるケースが多いようです。カルティエやフランクミュラーなども人気が高いといいます。

　時計に比べて、バッグなどのブランド品は、デザインの移り変わりが早いので、かなり最近のものでないと買い取ってもらえなかったり、がっかりするような値段が多いようです。

⑥ 釣り竿、碁盤や将棋盤

　古い高級品の碁盤や将棋盤は、数万を超す場合もあります。高級品の釣り竿も、専門業者があるくらいで、根強い人気があります。

⑦ **故人が切手収集家・古銭収集家だったら要注意**

　切手収集は愛好家も多く、いわゆるプレミアム切手などは、思いもかけない高値で取り引きされることがあります。

　昔の外国映画にも、遺産を切手にして遺した作品などがありましたね。

　古銭のコレクションも意外と高値が付く場合があり

ます。古銭買取専門店が存在するくらいです。

どうする？ 8. 福祉施設への寄付も、ふだんの人間関係があってこそ

　福祉施設や福祉作業所などでは、よくバザーなどで販売するために寄贈品を募集したりしています。
　ただし、やみくもに「寄付をしたいから受け取って」と持ち込んでも、必ずしも寄付を受け付けているところばかりではありません。
　ふだんから、そこのバザーをのぞいて何か購入したりして顔見知りだったとか、多少でもお付き合いがあると、喜んで引き取ってもらえるというものです。
　前々からそのようなお付き合いがあったAさんは、近くの作業所に事前に話しておいたところ、引っ越し業者が来る寸前に、車と数名の職員が来て、大きな冷蔵庫や食器棚、各種家電製品、食器類、寝具類、大きな植木類、熱帯魚の水槽などまで、引っ越し荷物より多いくらいに引き取ってくれて、「バザーに向けて大助かりです、一部は職員が頂いてもいいですか」と、大変に喜ばれたそうです。
「おかげで、引っ越しのトラックが1台少なくてすみました」と、Aさんも大助かり。
　このような場でも、ふだんの人間関係が大切なのですね。

【著者プロフィール】
廣末 志野（ひろすえ しの）
　行政書士。神奈川県行政書士会所属。一般社団法人コスモス成年後見サポートセンター神奈川県支部所属。
　法政大学法学部卒業、2004年　独立開業。
　起業家支援、遺言書案・任意後見契約書案・相続関係説明図・遺産分割協議書の作成等をはじめ、成年後見と遺言に関するセミナー講師など成年後見制度の普及啓発活動を行っている。（主として第1章、5章、6章を担当しました。）

田口 乙代（たぐち いつよ）
　特定社会保険労務士。東京都社会保険労務士会所属。
　東京農業大学農学部卒業。食品会社、IT企業に勤務した後社会保険労務士資格を取得。
　労務管理の相談や労務に関する各種手続き・申請、就業規則の作成等の企業サポートのほか、一般の方に対する講演、相談などにも積極的に取り組んでいる。（主として第3章、4章を担当しました。）

佐伯 茂樹（さえき しげき）
　税理士。東京地方税理士会緑支部所属。ファイナンシャルプランナー。個人情報保護士。
　明治大学商学部卒業。複数の税理士事務所勤務の後、独立。神奈川県の企業を中心に贈与・相続関連業務など幅広く税理士活動を行っている。（主として第5章、7章を担当しました。）

　【イラスト】あずまかおる
　日本児童教育専門学校絵本科卒。児童館の児童厚生員を経て、子ども絵画教室を開講しつつ、講談社、キングレコードなどのイラスト、絵本カットなどでも幅広く活躍。主な著書に「そらまでとんだトラちゃん」、「介護がラクになる魔法の言葉」（大誠社）、「自分を磨くマナー術完全奥義」（北辰堂出版）のイラストなど多数。

さあ大変！ どうする？
身内が亡くなったあとの始末

平成 28 年 10 月 15 日発行
著者 / 廣末志野・田口乙代・佐伯茂樹
発行者 / 今井恒雄
発行 / 北辰堂出版株式会社
〒 162-0801 東京都新宿区山吹町 364 SY ビル
TEL:03-3269-8131 FAX:03-3269-8140
http://www.hokushindo.com/
印刷製本 / 新日本印刷株式会社
©2016 S.Hirosue, I.Taguchi, S.Saeki Printed in Japan
ISBN 978-4-86427-218-6　定価はカバーに表記